Inhalt

Vorwort von Franz Fischler

Die Erstauflage dieses Buches erschien 2015 im Europäischen Jahr für Entwicklung. Es war der ideale Zeitpunkt für ein Buch, das Bilanz über die Erfolge und Rückschläge der Entwicklungszusammenarbeit zieht und einen optimistischen Blick in die Zukunft wagt.

Den beiden Autoren Friedbert Ottacher und Thomas Vogel ist mit ihrem Buch genau das gelungen. Ihre Schilderungen ermöglichen einen spannenden Einblick in die Realität von Entwicklungsprojekten und die dahinterliegenden Denkmuster. Ihr Resümee ist bei aller berechtigten Kritik ein positives und in die Zukunft gerichtetes. Einige ihrer Reformvorschläge für die Entwicklungszusammenarbeit sind mutig, andere kontrovers – auf alle Fälle verdienen sie eine eingehende Diskussion. In der überarbeiteten Auflage, die Sie nun in Händen halten, gehen die beiden auch auf die großen globalen Herausforderungen ein, die unsere Gegenwart prägen: die Bekämpfung der Fluchtursachen, den Umgang mit dem Klimawandel und die Umsetzung der globalen Ziele für eine nachhaltige Entwicklung.

Ich habe mich in meiner politischen Laufbahn immer für mehr Entwicklungszusammenarbeit stark gemacht, da ich der Überzeugung bin, dass ein aktives öffentliches Engagement in den Armutsgebieten unserer Erde nicht nur eine moralische Verpflichtung, sondern auch eine Frage der internationalen Solidarität und Glaubwürdigkeit ist.

Die Entwicklungszusammenarbeit benötigt dafür nicht nur eine ausreichende Finanzierung, sondern ist auch gefordert, die Mittel so einsetzen, dass sie wirksam Armut mindern und gleichzeitig Entwicklungschancen eröffnen.

Engagierte Menschen – und dazu zähle ich Sie als Leser und Leserinnen dieses Buches – können eine zentrale Rolle spielen, wenn es darum geht, zu beeinflussen, wie und wo öffentliche Entwicklungsgelder eingesetzt werden. Viele Argumente und ebenso gute Ideen für eine zeitgemäße Entwicklungszusammenarbeit werden Sie in diesem Buch finden.

Franz Fischler
Mitglied der Europäischen Kommission von 1995 bis 2004,
von 2005 bis 2012 Präsident des Ökosozialen Forums,
seit 2012 Präsident des Europäischen Forums Alpbach.

Gewidmet unseren Partnern im globalen Süden und allen entwicklungspolitisch Engagierten

Es gibt keinen Zweifel daran, dass die Welt heute besser als jemals zuvor ist. Die Menschen haben ein längeres und gesünderes Leben. Viele Länder, die zuvor auf Entwicklungshilfe angewiesen waren, sind jetzt unabhängig. Man würde meinen, dass ein solcher Fortschritt weit gefeiert würde, aber Melinda und ich wundern uns immer wieder darüber, wie viele Menschen immer noch denken, dass die Welt schlechter wird. Die Ansicht, dass die Welt extreme Armut und Krankheiten nie besiegen wird, ist nicht nur ein Fehler. Es ist eine gefährliche Ansicht. *(Bill Gates, 2014)*

Die Entwicklungshilfe allein reicht nicht aus, um einen Umschwung für die Gesellschaften der untersten Milliarde zu bewirken. Aber sie ist eher Teil der Lösung als Teil des Problems. Die Herausforderung besteht darin, sie durch weitere Strategien zu ergänzen. *(Paul Collier, 2008)*

Einleitung

Glauben Sie, dass Entwicklungszusammenarbeit wirkt? Der ehemalige britische Premierminister David Cameron, der Multimilliardär Bill Gates und der oberösterreichische Landeshauptmann Josef Pühringer sind davon überzeugt.

Unter dem konservativen Premier Cameron stellte Großbritannien vollkommen unerwartet erstmals 0,7 % des Bruttonationaleinkommens für Entwicklungszusammenarbeit zur Verfügung – und das in Zeiten der Finanzkrise und allgemeiner Kürzungen von Staatsausgaben. Bill Gates und seine Ehefrau Melinda unterstützten mit ihrer gleichnamigen Stiftung den Kampf gegen Malaria, HIV/Aids und Tuberkulose mit drei Milliarden Euro alleine im Jahr 2014. Der Landeshauptmann von Oberösterreich und ehemalige Religionslehrer Josef Pühringer wiederum hat durchgesetzt, dass im Landesbudget jährlich eine Million Euro für Entwicklungsprojekte dotiert wird. Das ist für ein österreichisches Bundesland alles andere als selbstverständlich.

Doch es sind nicht nur Politikerinnen[1] und Wirtschaftstreibende, die an die Entwicklungszusammenarbeit glauben, sondern auch Abertausende von privaten Spenderinnen und ehrenamtlich Engagierten, die sich aktiv einbringen und Geld für Projekte in Entwicklungsändern sammeln. Für sie ist dieses Buch geschrieben.

Wir erzählen darin die wechselvolle Geschichte der Entwicklungszusammenarbeit, setzen uns mit der gängigen Kritik und Klischees aus-

[1] Gendersensible Schreibweise: Wir verwenden abwechselnd weibliche und männliche Sprachformen. Falls sich aus dem Zusammenhang keine anderweitige Bedeutung ergibt, gelten weibliche und männliche Personenbezeichnungen gleichwohl für beide Geschlechter.

einander und wagen einen Blick in die Zukunft. Die Kolleginnen aus der Entwicklungsforschung mögen uns nachsehen, dass wir in unserer Zusammenfassung der Theoriegeschichte zur besseren Verständlichkeit einige Vereinfachungen vorgenommen und nur die aus unserer Sicht wichtigsten Hauptströmungen behandeln.

1. Die Theorien im Wandel

Was ist Entwicklung?

Aus einer unansehnlichen Raupe entwickelt sich die Puppe und daraus schlüpft ein prachtvoller Schmetterling. Er breitet seine Flügel aus und steigt in den Himmel. Im ursprünglichen Sinn versteht sich Entwicklung als das Hervorbringen – oder das Auswickeln – von etwas, das bereits existiert oder zumindest angelegt ist. Daher ist Entwicklung ein Prozess, der das Potenzial eines Organismus – oder einer Gesellschaft – freisetzt, bis der natürliche Endzustand, also der Schmetterling, erreicht ist.

Mit dem Ziel, die als rückständig wahrgenommenen Entwicklungsländer auf das Niveau der Industrieländer zu bringen, begann man nach dem Zweiten Weltkrieg erstmals über »Entwicklung« zu sprechen. Als sich aber in den gerade erst unabhängig gewordenen Staaten in Afrika und Asien die raschen Erfolge nicht einstellten, wurde das westliche Entwicklungsmodell ab Mitter der 1960er Jahren von Kritikern aus dem Süden zunehmend hinterfragt. Diese Kritik erlebte in den 1990er Jahren eine Renaissance und wurde dabei noch lauter und expliziter. Die Kritiker lehnten dabei den angestrebten Endzustand – also den Schmetterling, der in den Augen der Industrieländer nur wie sie selbst aussehen konnte – vehement ab und propagierten eine unabhängige und selbstbestimmte Entwicklung.

Mit anderen Worten: Die Raupe kann eine Raupe bleiben oder sich zu einem ganz anderen, womöglich noch unbekannten Insekt entwickeln, denn der Schmetterling ist nur eine von mehreren Möglichkeiten des Endzustands.

Wer soll sich eigentlich entwickeln, und wie?

Fragt man zehn Leute, die in diesem Bereich arbeiten, nach ihrer Definition von Entwicklung, erhält man wahrscheinlich zehn verschiedene Antworten. Viele verstehen heute unter Unterentwicklung oder absoluter Armut die Kombination aus Hunger, Krankheit und Unwissen (Sangmeister, 2009). Folglich sollte es in der Entwicklungszusammenarbeit darum gehen, die Grundbedürfnisse eines jeden Menschen zu befriedigen, damit er an der gesamtgesellschaftlichen Entwicklung teilhaben kann.

Das war nicht immer so. Jede Zeit hat ihr vorherrschendes Weltbild mit dazugehörigen Werten und Vorstellungen. In den Anfängen wurde Entwicklung mit Wirtschaftswachstum und Industrialisierung gleichgesetzt. Im Laufe der Zeit kamen andere Dimensionen hinzu, vor allem gerechte Verteilung des Wohlstands, Zugang zu Bildung und medizinischer Betreuung, Gleichberechtigung von Frauen und Männern, Wahrung der Menschenrechte, gute Regierungsführung und ökologische Nachhaltigkeit.

Führende deutsche Theoretiker der Entwicklungsforschung wie Dieter Nohlen und Franz Nuscheler (1993) schlugen Anfang der 1990er Jahre das Konzept eines »magischen Fünfecks« der Entwicklung vor. Die fünf auszubalancierenden Ziele waren Wirtschaftswachstum, Arbeit zu gerechten Bedingungen für alle, Gleichheit und Gerechtigkeit, Partizipation und staatliche Eigenständigkeit. Dieses magische Fünfeck wurde zum »Hexagon der Entwicklung« erweitert, welches den Menschen mit seinen Bedürfnissen in den Mittelpunkt stellt.

Seit 1990 verwenden die Vereinten Nationen den Human Development Index (HDI) als Maßstab. Der HDI ist eine Kombination von Lebenserwartung, Bildungsstand und Bruttonationaleinkommen pro Kopf. Er wurde von Nobelpreisträger Amartya Sen entwickelt, der als Erfinder des Fähigkeitenansatzes (*capability approach*) gilt (vgl. Welche Entwicklungstheorie gilt heute?, S. 35ff.) und den Entwicklungsdiskurs der letzten 20 Jahre geprägt hat. Sen plädiert für eine Bekämpfung der absoluten Armut bei gleichzeitiger Schaffung von Freiheiten zur Selbstverwirklichung.

In den letzten Jahren erfreut sich das Konzept des »Guten Lebens« (Schmid, 2014), das von indigenen Gruppen Lateinamerikas propagiert wird, großer Beliebtheit. Das Konzept des »Guten Lebens« – auch als *»el buen vivir«* bekannt – setzt ein ganzheitliches Verständnis von Lebensqualität voraus. Es gründet neben der Befriedigung materieller Bedürfnisse auch auf dem harmonischen Zusammenleben mit den Mitmenschen und der Natur und schließt mit der Kosmovision auch eine spirituelle Komponente mit ein.

Entwicklungshilfe oder Entwicklungszusammenarbeit?

Im deutschsprachigen Raum hat sich im Laufe der letzten Jahre der Begriff Entwicklungszusammenarbeit (in Deutschland als EZ und in Österreich als EZA abgekürzt)[2] gegenüber der Entwicklungshilfe durchgesetzt. Dies ist nicht nur dem Siegeszug der *political correctness* geschuldet. Da bekanntermaßen Sprache unser Denken und Handeln prägt, sollte ein neues, partnerschaftliches Verständnis »auf gleicher Augenhöhe« zwischen dem Geber aus dem Norden und dem Empfänger aus dem Süden auch sprachlich zum Ausdruck gebracht werden.

Im englischsprachigen Diskurs ist nach wie vor von Hilfe beziehungsweise Unterstützung die Rede, wobei sich zunehmend das Wort »*assistance*« gegenüber dem expliziteren »*aid*« durchsetzt.

---

[2] In diesem Buch verwenden wir den Begriff »Entwicklungszusammenarbeit« bzw. »EZA«. Jedoch wird auch der populäre Begriff Entwicklungshilfe auftauchen, wenn auf Äußerungen anderer Personen oder Institutionen Bezug genommen wird.

Die Motivation zu helfen

Was motiviert Regierungen, Organisationen und einfache Bürger in Industriestaaten Entwicklungshilfe zu leisten? Grundsätzlich kann man zwischen zwei Motivlagen unterscheiden, die sich sowohl bei Individuen als auch bei Hilfswerken und auf staatlicher Ebene nachvollziehen lassen:

- Altruismus: der selbstlose Wille anderen zu helfen. Dieses Motiv findet sich in der Selbstdarstellung nahezu aller Hilfswerke mit religiösem Bezug. Doch man muss nicht religiös sein, um sich für Werte wie Solidarität, gerechte Verteilung von Wohlstand und Chancengleichheit für alle Menschen auf der Erde einzusetzen. Viele Einzelpersonen begründen damit ihr Engagement, und demokratische Regierungen berücksichtigen tendenziell den Willen ihrer Wählerinnen. Das scheint besonders in den skandinavischen Ländern der Fall zu sein, die sowohl hohe Sozialstandards im eigenen Land verfolgen als auch traditionell die höchsten Entwicklungsetats unter den Geberländern aufweisen.
- Eigennutz: Hier begegnen uns eher kurzfristig angelegte politische und außenwirtschaftliche Ziele, die Regierungen der Geberländer verfolgen: EZA soll die Ursachen des Terrorismus bekämpfen, Fluchtgründe eindämmen und das Feld für neue Exportkanäle und Absatzmärkte aufbereiten. Aber auch das Bedürfnis von Privatpersonen, durch großzügige Spenden ihr gesellschaftliches Prestige zu steigern, ist durchaus eigennützig. Anders steht es um den eher langfristigen Eigennutz, dessen Logik darin besteht, dass alle Länder auf der Erde daran interessiert sein müssen, extreme Armut zu beseitigen, da diese eine Bedrohung sowohl für die politische wie auch für die ökologische Stabilität unseres Planeten darstellt.

US-Präsident Harry S. Truman, dessen Angelobungsrede 1949 als Auftakt für die Entwicklungszusammenarbeit verstanden wird, nahm bereits die gesamte Bandbreite der oben beschriebenen Motivlagen vorweg. Er sprach von der Verantwortung der Industrieländer, die Lebenssituation der Ärmsten zu verbessern, um sie aus ihrem Elend zu befreien. Im gleichen Atemzug betonte er, dass die Armut der halben Erdbevölkerung auch eine Bedrohung des Wohlstands und die Sicherheit der entwickelten Welt darstellt. Und auch aus der Absicht, die früheren Kolonien, die nach und nach zu unabhängigen Staaten wurden, in die politische und wirtschaftliche Ordnung der westlichen Hemisphäre einzubinden, wurde kein Hehl gemacht.

Fragt man private Spender nach ihrer Motivation, so ist es meist Mitgefühl, christliche Nächstenliebe oder Solidarität mit denjenigen, die in Armut und Not leben. Andere wiederum sehen eine moralische Verpflichtung aufgrund des historischen Unrechts, das Entwicklungsländer durch Kolonialisierung, Sklavenhandel und Ausbeutung über Jahrhunderte erlitten haben.

Die Industrieländer geben den Weg vor – der Glaube an Modernisierung und »nachholende Entwicklung«

Am 20. Januar 1949 machte der wiedergewählte US-Präsident Harry S. Truman in seiner Antrittsrede der Welt ein unwiderstehliches Angebot:

> Wir müssen ein neues und kühnes Programm starten, um auch unterentwickelten Gebieten die Segnungen unserer Wissenschaft und Technik zugänglich zu machen. Mehr als die Hälfte der Weltbevölkerung lebt in Armut und Elend – sie ist Opfer von Krankheiten, ihre wirtschaftliche

> Situation stagniert. Ihre Armut ist eine Bedrohung für sie selbst, aber auch für die entwickelte Welt. Erstmalig in der Geschichte besitzt die Menschheit das Wissen und die Fähigkeit, das Leiden dieser Menschen zu beenden […]. (Truman, 1949)

Seine Rede ging in die jüngere Geschichte ein, stieß allseits auf breite Zustimmung und markiert den Beginn der Entwicklungszusammenarbeit, wie wir sie heute kennen. Die Truman-Rede gilt aber auch als wichtige Ingredienz des Kalten Kriegs, denn Truman bietet darin den in die Unabhängigkeit strebenden Kolonien in Asien und Afrika eine attraktive Alternative zur Vereinnahmung durch die Sowjetunion. In derselben Rede proklamierte er übrigens auch die Gründung der NATO.

Sein Gegenmodell zum Sozialismus verspricht Modernisierung und »nachholende Entwicklung« mittels Industrialisierung und des zügigen Ausbaus der Infrastruktur. Als Vorbild dienten dabei Europa und die Vereinigten Staaten von Amerika. Motiviert von der Wirksamkeit des Marshallplans und dem einsetzenden Wirtschaftswunder in Deutschland, herrschte ein aus heutiger Sicht unglaublicher Fortschrittsglauben. Die Regierungen und Experten waren überzeugt, dass sich die weltweite Armut binnen einer Dekade erreichen ließe. Nach der damals gängigen Logik fehlte es in den Entwicklungsländern nur an zwei wesentlichen Voraussetzungen: Kapital und technischem Know-how. Genau diese beiden Zutaten sollten nun in ausreichender Menge vom reichen Norden den armen Nationen Afrikas und Asiens zur Verfügung gestellt werden.

Ein maßgeblicher Vordenker der *Modernisierungstheorie* war Walt Whitman Rostow, ein US-amerikanischer Wirtschaftshistoriker und Ökonom. Rostow diente als einflussreicher Berater unter drei US-Präsidenten und war jahrzehntelang Professor am *Massachusetts Institute of Technology*. Sein noch heute oft zitiertes Hauptwerk heißt *Die Stufen der wirtschaftlichen Entwicklung – ein antikommunistisches Manifest* (Rostow, 1960). Der Untertitel ist ein klares Statement, denn die Empfängerstaaten sollten wissen, was von ihnen erwartet wird, wenn sie das Angebot annehmen.

Rostows Modell ist einfach und auf den ersten Blick überzeugend: Er geht davon aus, dass die Wirtschaftsentwicklung eines Landes in fünf Stufen und streng linear verläuft. Die fünfte und damit höchste Stufe seines Modells nennt sich »Stufe des hohen Massenkonsums«. Zum Zeitpunkt der Veröffentlichung im Jahr 1960 befanden sich die USA laut Rostow schon einige Jahrzehnte lang auf dieser Stufe. Davon ausgehend blickt er in seinem Buch bis zur ersten Stufe, die er »traditionale Gesellschaft« nennt, zurück.

Diese vorindustrielle Gesellschaft ist hierarchisch strukturiert, neigt zum Aberglauben und lebt von der Subsistenzlandwirtschaft. Innovation und Mobilität gibt es kaum. Jeder hat seinen angestammten Platz in der Familie und im Sozialgefüge. Ein wirtschaftlicher oder gesellschaftlicher Aufstieg ist praktisch ausgeschlossen. Als Bild dazu könnte man eine mittelalterliche Ansiedlung vor Augen haben. Das Zeitalter dieser traditionellen Gesellschaft kann unbegrenzt lange dauern. So dämmerten in den Augen der Modernisierungsanhänger viele Entwicklungsländer in diesem bescheidenen Zustand dahin.

Die nächste Stufe bezeichnet Rostow als »Phase des Übergangs«: Schrittweise entstehen neue Produktionsmethoden in der Landwirtschaft und im produzierenden Gewerbe. Bildung erhält einen höheren Stellenwert, und die Regierungen investieren zunehmend in den Transport-, Nachrichten- und Rohstoffsektor. In Rostows Augen erreichten die Staaten Westeuropas, die in seinem Modell als historische Blaupausen dienten, im Laufe des 17. und 18. Jahrhunderts diese Phase des Übergangs.

Der darauffolgende *Take-off* ist die dritte und wichtigste Phase in seinem Modell. Technische Innovationen führen zur schnellen Ausbreitung neuer Industrien, die hohe Gewinne abwerfen. Es kommt zu einer rasant wachsenden Nachfrage nach neuen Arbeitskräften und industriellen Fertigwaren. Die Städte wachsen, gleichzeitig wird die

Landwirtschaft stärker kommerzialisiert. Die Gesellschaft wird bunter und durchlässiger, denn sozialer und gesellschaftlicher Aufstieg ist jetzt möglich. Dies gilt besonders für erfolgreiche Unternehmer, die nun zunehmend die vormals herrschende Klasse der Landbesitzer und Adeligen von der gesellschaftlichen Spitze verdrängen. Der *Take-off* selbst ist eine relativ kurze Phase von zwei bis drei Jahrzehnten, die Rostow für England um 1800 und für die Vereinigten Staaten um 1860 festmacht. Indien und China sah er ab 1950 in der *Take-off*-Phase.

Die vierte und vorletzte Stufe nennt sich »Entwicklung zur Reife«. Diese Phase dauert rund 40 Jahre und ist gekennzeichnet durch eine stabil hohe Investitionsrate von 10 bis 20 %. Industrialisierung und zunehmende Arbeitsteilung erhöhen die Gesamtproduktivität der Gesellschaft und ermöglichen so weiteres Bevölkerungswachstum. Bildung und soziale Grundversorgung werden zunehmend wichtiger.

Am Ende der fünfstufigen Treppe steht schließlich das »Zeitalter des hohen Massenkonsums«. Jetzt sind die Grundbedürfnisse nach Nahrung, Kleidung und Behausung für alle befriedigt. Als Folge steigen die Nachfrage nach Luxusartikeln und das Bedürfnis nach höherer Lebensqualität. In Rostows Logik sind die Vereinigten Staaten bereits 1914 in dieses Zeitalter eingetreten, denn in diesem Jahr startete Henry Ford die Fließbandproduktion, um Autos billiger herzustellen und für die Arbeiterklasse erschwinglich zu machen. Neben dem hohen Konsum geht es der Gesellschaft in dieser Phase aber noch um etwas ganz anderes: Sie fordert einen Wohlfahrtsstaat und die Regierung baut folglich stufenweise das soziale Netz aus.

Rostows Modell wurde breit rezipiert und setzte sich in den 1960er und frühen 1970er Jahren als Entwicklungsparadigma in den Köpfen der Experten und Politiker fest. Auch die Entwicklungsprojekte jener Zeit sind geprägt vom Glauben an die »nachholende Entwicklung«. Investiert wurde konsequenterweise vor allem in die Industrialisierung, die Errichtung von Straßen und den Kraftwerksbau.

Als zentraler Akteur war der Staat vorgesehen, denn nur straff geführten staatlichen Strukturen wurde zugetraut, diese Mammutaufgabe zu stemmen. Die Entwicklungsländer wurden, sobald sie sich gegen die Sowjet-Option entschieden – die im Übrigen auch auf Industrialisierung setzte – großzügig unterstützt. Neben Geld und Maschinen aus dem Norden kamen auch zahlreiche Experten, die die Hauptstädte der ehemaligen Kolonien bevölkerten und die Modernisierung im Zeitraffer vorantreiben sollten.

Bald war offensichtlich, dass Rostow in seinem ökonomischen Wachstumsmodell einen wesentlichen Faktor unberücksichtigt ließ: den Menschen als zentralen Akteur der Entwicklung. Modernisierungstheoretiker wie der Soziologe Alex Inkeles erkannten dies und machten den »modernen Mann« zu ihrem Forschungsgegenstand (Inkeles, 1969). Frauen wurden in soziologischen Studien bis vor wenigen Jahrzehnten komplett ignoriert. Folglich interviewte Inkeles rund 5.000 Männer aus sechs Entwicklungsländern, um ihren Grad an Modernität zu messen. Er machte Modernität an kulturellen und persönlichen Merkmalen fest, wie Innovationsfreude, Pünktlichkeit, Interesse an Politik und Medien, vorausschauender Planung, Vertrauen in Institutionen und der Übernahme von Verantwortung. Der »moderne Mann« entspricht also dem Idealbild eines aufgeklärten Europäers oder US-Amerikaners. Inkeles kommt in dieser Untersuchung zum Schluss, dass es vier Beschleuniger für Modernität gibt: Bildung, Urbanisierung, Massenmedien und moderne Betriebe. Er erkennt jedoch auch, dass Kultur und Tradition gesellschaftlich viel tiefer verankert sind, als es westliche Augen wahrnehmen wollen.

Was blieb von der Modernisierungstheorie?

Die Modernisierungstheorie gilt als die »Mutter« aller Entwicklungstheorien. Den Denkern dieser Schule gebührt das Verdienst, die Entwicklungsforschung – und hier besonders die Entwicklungsökonomie und -soziologie – auf die akademische Landkarte gesetzt zu haben. Erstmals wurde systematisch erforscht, welche Faktoren sich auf Entwicklungsprozesse förderlich oder auch hinderlich auswirken – freilich mit allen Fehlschlüssen und Irrtümern, die auf den Kontext der damaligen Zeit zurückzuführen sind. Wenngleich viele Konzepte der *Modernisierungstheorie* heute zu Recht belächelt werden, markiert sie den Anfang der Entwicklungstheorien.

Neben den vielen »weißen Elefanten«, wie man Projektruinen in der Welt der EZA nennt, blieb auch die Erkenntnis, dass das westliche Entwicklungsmodell nicht universell funktioniert. Die wirtschaftliche und gesellschaftliche Entwicklung Westeuropas und der Vereinigten Staaten war ein singuläres historisches Ereignis, das mehrere Jahrhunderte in Anspruch nahm und sich nirgendwo eins zu eins wiederholen lässt. Dennoch scheint der Glaube an die »nachholende Entwicklung« und die Modernisierung nach dem Vorbild der Industrieländer bei vielen ungebrochen zu sein. Das trifft nicht nur auf die breite Öffentlichkeit und die Spenderinnen im Norden, sondern auch auf viele Mitarbeiter von Hilfswerken und staatlichen Förderstellen zu.

Der Süden wehrt sich – die *Dependenztheorie*

»Ho, Ho, Ho Chi Min…« schallt es durch die Straßen Berlins. Und nicht nur dort, auch in Paris und anderen europäischen Metropolen ziehen tausende Studentinnen und Studenten 1968 durch die Innenstädte und fordern eine Ende des Vietnamkriegs und eine neue Gesellschaftsordnung. Eine Revolution kündigt sich an. Soweit kommt es dann doch nicht, aber für einen Bruch mit den herrschenden Paradigmen der Nachkriegszeit reicht es allemal. Auch die Entwicklungszusammenarbeit wird von dem neuen Zeitgeist erfasst.

Die Revolutionäre um Fidel Castro und Che Guevara schaffen eine sozialistische Alternative, die Anfangserfolge in der Grundbildung und der Gesundheitsversorgung für alle hervorbringt. In vielen anderen Gegenden der Welt brodelt es auch ,und Befreiungsbewegungen entwerfen ihre Alternativen zur kapitalistischen Wirtschafts- und Gesellschaftsordnung.

Das neue Selbstbewusstsein des Südens beflügelt die Entwicklungsdebatte, an der sich nun auch Wissenschaftler aus Lateinamerika lebhaft beteiligen. Und deren Beiträge haben es in sich: Sie stellen die Industrieländer an den Pranger und erforschen die ausbeuterischen Wirtschaftsbeziehungen, die ihrer Meinung nach zur Unterentwicklung führen. Das Gedankengebäude nennt sich *Dependenztheorie*, also Theorie der Abhängigkeit.

Die zentralen Aussagen dieser Denkschule lassen sich wie folgt umreißen: Die wirtschaftlichen und machtpolitischen Zentren liegen ausnahmslos in Europa und den Vereinigten Staaten von Amerika. Dort sammeln sich Geld, Expertise und Macht. Die Länder der Peripherie wiederum, also die Entwicklungsländer, verkaufen in erster Linie ihre Rohstoffe aus Landwirtschaft und Bergbau. Für diese Güter bekommen sie im Gegenzug aber nur sehr wenig bezahlt, und das Wenige müssen sie auch gleich wieder für Importe von Fertigprodukten an die Industrieländer überweisen. Da die geringen Einkünfte aus dem Rohstoffverkauf nicht reichen, müssen sie sich zusätzlich bei den Industriestaaten verschulden.

In den Augen der Dependenztheoretiker hat die Ausbeutung durch die Industrieländer viele Gesichter. Gewinne, die Konzerne in den Entwicklungsländern erzielen, fließen an die Firmenstammsitze im Norden, während die Entwicklungsländer laufend Patente, Experten und Maschinen mit teuren Devisen zukaufen müssen. Ausbeutung entsteht auch durch ungleichen Tausch. Die Entwicklungsländer geben Rohstoffe, die Industrieländer Fertigprodukte, wobei nach Meinung der Dependenztheoretiker Rohstoffe kontinuierlich billiger werden, während der Preis für Fertigprodukte stetig steigt. Ein einfaches Beispiel illustriert dieses Phänomen anschaulich: Konnte ein kenianischer Kaffeebauer 1960 einen Lastkraftwagen zum Gegenwert von 80 Sack Kaffee erwerben, so waren 1980 schon 2.00 Säcke erforderlich.

Die logische Schlussfolgerung im Sinne der *Dependenztheorie* ist, dass die Armut nicht überwunden werden kann, solange sich die ausbeuterischen Spielregeln im globalen Handel nicht grundlegend ändern. Das kann radikal – durch eine Weltrevolution – oder sanft durch die Einführung einer neuen Weltwirtschaftsordnung erfolgen, die die Entwicklungsländer bevorzugt und schützt. Mit dieser neuen Weltwirtschaftsordnung waren verschiedene Erwartungen verknüpft. Zunächst höhere und stabilere Preise für die Rohstoffe, die die Entwicklungsländer exportieren. Um etwa die Preise für Kaffee und Kakao zu stabilisieren, wurden Rohstofflager angedacht. Diese sollten es ermöglichen, dass bestimmte Produkte nicht zur Erntezeit in Massen auf den Markt geworfen werden müssen, wodurch der Verkaufspreis in den Keller geht, sondern eingelagert werden können, um über die Zeit bessere Renditen zu erzielen. Eine andere Forderung bezog sich auf Vorzugsregelungen für Entwicklungsländer bei Zöllen und die Streichung von Subventionen, mit denen die Industrieländer ihre Exportbranchen schützen (wie es auch die damalige Europäische Gemeinschaft tat, die Agrarimporte aus dem Ausland mit Zöllen belegte und gleichzeitig die Exporte europäischer Bauern förderte). Das Forum, in dem diese Forderungen nach einer neuen Weltwirtschaftsordnung behandelt wurden, nannte sich *United Nations Conference on Trade and Development* (UNCTAD). Die UNCTAD-Verhandlungsrunden 1964 und 1968 machten viel von sich reden, und noch 1980 wiederholte Willy Brandt in seinem Weltentwicklungsbericht (vgl. Die Highlights der Entwicklungsdekaden, S. 39ff.) die wichtigsten Forderungen dieser Epoche.

Solange die Reform des Weltwirtschafssystems nicht vollzogen war, blieb den Entwicklungsländern aus Sicht der Dependenztheoretiker nur die Möglichkeit der »Dissoziation«.

Dieser von Dieter Senghaas (1977) geprägte Begriff bedeutet wörtlich übersetzt »Abkopplung«, also die Loslösung der Entwicklungsländer vom Weltmarkt mit seinen ausbeuterischen Strukturen. Zusätzlich kursierte zu dieser Zeit auch die Idee der regionalen Kooperation, d. h. eines Zusammenschlusses der benachteiligten Länder, die ihren Handel aufeinander konzentrieren, um nicht vom überlegenen Norden weiter ausgebeutet zu werden. Die gesamte Idee der »nachholenden Entwicklung« durch Integration in den Weltmarkt, wie sie von den Modernisierungstheoretikern zuvor noch propagiert wurde, wurde jedenfalls in Bausch und Bogen verdammt.

Die Konjunktur der *Dependenztheorie* fand in den 1980er Jahren jedoch ein jähes Ende. Der kometenhafte Aufstieg der asiatischen kleinen Tiger wie Taiwan und Südkorea widerlegte ihre zentralen Thesen. Obwohl beide Länder als unterentwickelt galten und an der Peripherie lagen, gelang es ihnen innerhalb einer Generation, in den Kreis der Industrieländer vorzustoßen, und das unter den vielgescholtenen Spielregeln des Weltmarktes, denen sie wie alle anderen Entwicklungsländer auch unterworfen waren. Mit dem wirtschaftlichen Aufschwung Asiens stieg die Nachfrage nach Rohstoffen derart an, dass sich die Austauschbeziehungen zugunsten der Entwicklungsländer neigten. Die Ölkrise der 1970er Jahre hatte bereits dramatische Preiserhöhungen für Rohöl zugunsten der OPEC-Länder, von denen die meisten als Entwicklungsländer galten, mit sich gebracht. Somit wurde auch eine weitere Kernthese der Dependenztheoretiker, dass sich die *terms of trade* zwangsläufig und immer zu Ungunsten der Rohstoffexporteure entwickeln, zu Grabe getragen.

Was bleibt von der Dependenztheorie*?*

Auch wenn die *Dependenztheorie* als Erklärungsmodell für wirtschaftliche Entwicklung bzw. Unterentwicklung ausgedient hat, ist ihre Bedeutung für den Entwicklungsdiskurs nicht zu unterschätzen. Erstmals dominierten Wissenschaftler aus dem Süden – von denen einige später politisch Karriere machten – die Debatte und erweiterten den auf Wirtschaft verengten Entwicklungsbegriff um macht- und herrschaftspolitische Komponenten. Ausbeuterische Strukturen und Hierarchiegefälle, wie sie seit der Kolonialisierung bestehen, wurden thematisiert und sichtbar gemacht.

Ähnlich wie sich die *Modernisierungstheorie* in den Köpfen der Praktiker festsetzen konnte, hat die *Dependenztheorie* bei entwicklungspolitischen Bildungseinrichtungen und Solidaritätsgruppen ihren zentralen Stellenwert behalten. Mit Ausbeutung und Abhängigkeit sowie der uneingeschränkten Macht von Großkonzernen bei gleichzeitiger Ohnmacht der Entwicklungsländer wird in Europa nach wie vor gerne argumentiert.

Beiden vorgestellten Theorien liegt eine große Schwäche zugrunde: Sie scheren alle Entwicklungsländer über einen Kamm und verstehen sich als allumfassendes Erklärungsmodell. Nach ihrem Scheitern sprach man auch von einem Ende der Großtheorien. Es braucht daher Entwicklungstheorien, die, anders als die monokausale *Dependenz-* oder *Modernisierungstheorie*, mehrere Erklärungsursachen für Entwicklung oder Unterentwicklung zulassen und betroffene Länder entlang ihrer Kultur, Tradition, Geschichte, geografischen Lage und anderer wichtiger Einflussfaktoren differenzieren.

Der Siegeszug und das Erbe des *Neoliberalismus*

Ronald Reagan, Margaret Thatcher und Helmut Kohl. Dieses konservative Dreigestirn prägte die Politik der 1980er und frühen 1990er Jahre. Die drei Ausnahmepolitiker orientierten ihre Wirtschafts- und Handelspolitik an den Lehren der neoliberalen Ökonomen Friedrich August von Hayek und Milton Friedman und ermöglichten den Siegeszug des *Neoliberalismus*.

Alle drei kamen an die Macht, als die Weltpolitik im Umbruch war. Die Ölkrise hatte den Industrieländern ihre Verwundbarkeit vor

Augen geführt. Die billigen Kredite, die sich mit Einnahmen der ölexportierenden Staaten finanzierten und von Großbanken rund um den Globus den Entwicklungsländern schmackhaft gemacht wurden, führten Brasilien und Argentinien direkt in die Schuldenfalle und Mexiko 1982 sogar in den Staatsbankrott. Die Entwicklungsländer sind trotz kreditfinanzierter Investitionen und entgegen allen Prophezeiungen der Modernisierungstheoretiker in ihrem Wirtschaftswachstum kaum vom Fleck gekommen. Der Staat als zentraler wirtschaftlicher Akteur hatte in den Entwicklungsländern offenbar versagt. Statt flächendeckendem wirtschaftlichem Wachstum und Wohlstand sind ineffiziente Bürokratien und defizitäre Staatshaushalte entstanden.

Es war also Zeit für neue Spielregeln, die später im sogenannten *Washington-Konsens* festgehalten wurden. Der *Washington-Konsens* basiert auf der neoklassischen Außenhandelstheorie. Konkret beinhaltet er ein Bündel an wirtschaftspolitischen Maßnahmen, die die Regierungen der Entwicklungsländer zur Erreichung von Stabilität und Wachstum umsetzen sollen. Die ordnungsgemäße Durchführung dieser sogenannten Strukturanpassungsprogramme wurde von Experten des Internationalen Währungsfonds und der Weltbank begleitet, oder besser gesagt erzwungen und kontrolliert.

Man könnte die Situation der Entwicklungsländer, die diese schmerzhaften Strukturanpassungsprogramme umsetzen mussten, mit dem heutigen Griechenland vergleichen. Auch hier geben Experten von außen die Politik vor und entscheiden über den Fortschritt im Schuldenabbau. Bleibt er aus, fließen keine Kredite mehr.

Noch viel mehr als im EU-Mitgliedsland Griechenland gingen die Strukturanpassungsprogramme in den Ländern Lateinamerikas, Asiens und Afrikas an die Substanz: Die Staatsausgaben wurden gedrosselt und bis zu 10 % der Beamten, unter ihnen auch Lehrerinnen und Gesundheitspersonal, wurden gekündigt. Wo immer es möglich war, wurden Einsparungen vorgenommen, die aufgeblähte Verwaltung wurde entbürokratisiert, Staatsbetriebe privatisiert, die Handelspolitik liberalisiert, Subventionen für Grundnahrungsmittel abgebaut und die Märkte nach der Devise »mehr Markt, weniger Staat« dereguliert.

Die Auswirkungen waren dramatisch und sind bis heute sichtbar. Mühsam erreichte Errungenschaften im Bildungs- und Gesundheitssystem wurden zunichtegemacht, und die Privatisierung machte mancherorts auch vor dem Trinkwasser nicht halt. Berühmtestes Beispiel dafür sind die Wasserkriege von Cochabamba in Bolivien. Dort wurde das städtische Trinkwassernetz im Zuge der Privatisierung an einen US-amerikanischen Konzern verkauft. Die Preise erhöhten sich schlagartig um das Dreifache. Daraufhin brachen wochenlange Unruhen aus, die sieben Menschenleben forderten und so lange anhielten, bis die Stadtregierung die Privatisierung wieder rückgängig machte.

In der Entwicklungspolitik nennt man die 1980er Jahre auch das »verlorene Jahrzehnt«, weil die bescheidenen Investitionen in den öffentlichen Gesundheits- und Bildungssektor wieder zurückgefahren wurden. Dennoch beherrschte das neoliberale Paradigma bis weit in die 1990er Jahre die entwicklungspolitische Debatte und Praxis.

Was bleibt von Neoliberalismus?

Wie bereits in der *Modernisierungstheorie* konzentrierte sich der Entwicklungsbegriff wieder stärker auf Wirtschaftswachstum, nur sollte diesmal die Privatwirtschaft und nicht der Staat der Entwicklungs- und Wohlstandsmotor sein. Die sozialen Kosten und Langzeitfolgen, die durch die Kürzungen im »nicht produktiven Bereich« wie im Gesundheitswesen und im Bildungssektor anfielen, wurden weitestgehend ausgeblendet. Auch wenn die liberalen Rezepte alt waren, so brachten sie doch Dynamik in die Debatte. Die Bedeutung der Marktkräfte und der Beitrag von privaten Unternehmen zur Schaffung von Arbeit und Wohlstand rückten ins Zentrum der Überlegungen. Erstmalig wurden auch Kosten-Nutzen-Überlegungen bei Projekten angestellt, bürokratische, ineffiziente Strukturen hinterfragt und Korruption zum Thema gemacht.

Da *Neoliberalismus* zum oft unreflektierten Kampfbegriff wurde, sei hier noch eine Lanze für die Grundwerte des Liberalismus gebrochen – und zwar in den Worten des Literaturnobelpreisträgers und bekennenden Liberalen Mario Vargas Llosa:

> Es gibt Liberale, die in der Wirtschaft die Lösung aller Probleme und im freien Markt ein Allheilmittel sehen, das Arbeitslosigkeit, Diskriminierung und soziale Exklusion beseitigt. [...] Liberalismus, so wie ich ihn verstehe, betrachtet die Freiheit als Grundwert. [...] Die Grundlagen der Freiheit sind Privateigentum und Rechtsstaatlichkeit; dieses System garantiert für ein Minimum an Ungerechtigkeit und ein Maximum an materiellem und kulturellem Fortschritt, [...] Politische und ökonomische Freiheit sind so untrennbar wie die zwei Seiten einer Medaille. (Vargas Llosa, 2015)

»Lasst die Armen in Ruhe!« – die *Post-Development*-Debatte

Im Juni 2014 setzte Evo Morales, der Präsident Boliviens, einen symbolischen Akt: Er beschloss, die Zeiger am Uhrturm des Kongressgebäudes in La Paz rückwärts laufen zu lassen. Gleichzeitig wurde das Verbot der Kinderarbeit aufgehoben (freilich mit Auflagen), denn in der ländlich geprägten indigenen Kultur Boliviens sei die Arbeit von Kindern nichts grundsätzlich Verwerfliches. Der Präsident möchte, dass sich die Bevölkerung ihres indigenen Erbes besinnt und das Vermächtnis des Kolonialismus ablegt. Evo Morales ist der politische Umsetzer einer Denkschule, die zu Beginn der 1990er Jahre erstmals in Erscheinung trat und von Forschern aus dem Süden, speziell aus Lateinamerika und Indien, getragen wurde: die *Post-Development*-Perspektive.

Wachstum und Wohlstand als Ziele der Entwicklung schreiben sich die Geberregierungen und Hilfsorganisationen seit 1949 auf ihre Fahnen. Dann kam Armutsbekämpfung und sozialer Wandel hinzu, später wurden diese drei Säulen noch um Nachhaltigkeit und Menschenrechte erweitert. Anstatt weiterhin nach neuen und besseren Wegen zur Erreichung von Entwicklungszielen zu forschen, lehnen Vertreter der *Post-Development Studies* das gesamte Konzept von »Entwicklung« ab. Das geschieht oftmals mit sehr markigen Ansagen. So schreibt der Mexikaner Gustavo Esteva, einer der Pioniere dieser Denkschule, bereits 1993 von »Entwicklung als einer unbestatteten Leiche, die gefährlich die Luft verpestet« (Esteva zit. in Sachs, 1993).

Post-Development ist ein Ansatz, der nicht wie die anderen Entwicklungstheorien von Ökonomen, Soziologen und Politikwissenschaftlern erdacht, sondern vorwiegend von Philosophen und Sprachwissenschaftlern geprägt wurde. Den *Post-Development*-Vertretern geht es nicht um die Praxis der Entwicklungszusammenarbeit, sondern um den Entwicklungsdiskurs an sich, der als Herrschaftsinstrument des Nordens über den globalen Süden verstanden wird. Eine zentrale Frage dabei ist die Macht über die Definition und die Zuschreibung von »entwickelt« und »unterentwickelt«. Im Verständnis von *Post-Development* ist Unterentwicklung eine Erfindung des Nordens, die den Ländern des Südens aufgezwungen wurde. Millionen von Menschen wurden als »unterentwickelt« eingestuft, die »Dritte Welt« wurde von der »Ersten Welt« gemacht. Eine klassische Referenz ist die viel zitierte Truman-Rede 1949, in der die Hälfte der Erdbevölkerung als arm und in Elend lebend – und damit als unterentwickelt – gebrandmarkt wurde.

Indem sich die Industrieländer selbst als »entwickelt« wahrnehmen und den Rest der Welt als unterentwickelt abkanzeln, wird erst legitimiert, dass der »entwickelte« Teil der Menschheit in das Leben der »Unterentwickelten« eingreifen dürfe. Durch die Programme der Entwicklungszusammenarbeit werden westliche Werte als Standards vorgegeben, an die sich der Rest der Welt anzupassen habe, um den Aufstieg in die »entwickelte Welt« nach westlichem Muster zu bewältigen.

Durch die Klassifizierung der Armen als unterentwickelt wurde in den Augen der *Post-Development*-Vertreter erst die Entwicklungszusammenarbeit legitimiert. So seien die Industrieländer in der Lage gewesen, ihre Kontrolle über die restliche Welt auszubreiten und zweifach zu legitimieren. Denn nicht nur in den »entwickelten« Ländern sei man der Meinung, dass die »Anderen« sich entwickeln müssen, auch die Bevölkerung und Eliten der Entwicklungsländer selbst nehmen sich als »unterentwickelt« wahr. Die ehemals Kolonisierten verlieren dabei zunehmend ihre Identität und ahmen den früheren Kolonisator, der jetzt als Entwicklungsexperte auftritt, in Stil, Kleidung, Sprache und Wertesystem nach.

Vertreter des *Post-Development* gestehen der Entwicklungszusammenarbeit folglich einen einzigen, aber dafür durchschlagenden Erfolg zu: Sie hat es geschafft, eine globale Sicht von Entwicklung und Unterentwicklung zu schaffen. Das oftmalige Scheitern von Entwicklungsprojekten sei jedoch ein Beweis dafür, dass sich die Konzepte der Industriegesellschaften nicht jedee beliebigen Gesellschaft überstülpen lassen. Anstatt dieses zutiefst westliche und letztlich auch ökologisch gescheiterte Modell weiter zu predigen und den Ländern des globalen Südens zu oktroyieren, sollten die Geberländer endlich die Besonderheit und Unterschiedlichkeit jedes Entwicklungslandes anerkennen und ihre paternalistische Einmischung unter dem Deckmantel der Hilfe stoppen. Auch die Erweiterung des Entwicklungsbegriffs vom reinen Wirtschaftswachstum hin zur Erfüllung von Grundbedürfnissen, Armutsbekämpfung und Nachhaltigkeit dient in den Augen der *Post-Development*-Vertreter nur der Legitimierung der Entwicklungszusammenarbeit, ihrer Strukturen und ihrer Jobs.

Man ist überzeugt, dass die Entwicklungszusammenarbeit schnell ihr natürliches und längst überfälliges Ende finden wird, sobald sich jede Nation eigenständig auf ihre Art entwickeln kann. Dennoch ist den *Post-Development*-Theoretikern durchaus bewusst, dass es schwierig ist, die Ablehnung einer derartig etablierten Ideologie wie jene von »Entwicklung« und »Wachstum« breitenwirksam durchzusetzen. Zudem sind ihre Vertreter fast ausschließlich an Universitäten tätig und traten bislang – im Gegensatz zu ihren Vorgängern aus der *Dependenztheorie* – nie als Gestalter in Politik, Wirtschaft oder Zivilgesellschaft in Erscheinung. Aufgrund dieser Praxisferne tun sie sich auch mit konkreten und konstruktiven Alternativen schwer. So werden oft romantisierend Basisgruppen und soziale Bewegungen in Lateinamerika, wie die Zapatisten in Mexiko oder die Weltsozialforen, als Hoffnungsträger und Vorreiter für eine eigenständige Entwicklung beschrieben.

Was lässt sich aus der Post-Development-*Debatte für die Praxis der Entwicklungszusammenarbeit gewinnen?*

Obwohl sich einige der Kritikpunkte auch in der *Dependenztheorie* finden, besteht ein großer Unterschied zur *Post-Development*-Diskussion: Während Dependenztheoretiker vor 40 Jahren beklagten, dass die Entwicklungsländer ausgebeutet werden und keine faire Chance auf Entwicklung bekommen, lehnt der *Post-Development*-Ansatz das westliche Entwicklungskonzept an sich ab. Vertreter dieser Denkrichtung finden bei kritischen Eliten im Süden und in der akademischen Diskussion durchaus Anklang.

In der entwicklungspolitischen Praxis werden sie jedoch kaum reflektiert und bisweilen offen abgelehnt. Man könnte sie provokant als Feuilletonisten der Entwicklungszusammenarbeit bezeichnen, die wohlbestallt in ihrem Elfenbeinturm sitzen und Entwicklungsdefizite als »konstruiert« abtun. Besonders vehement kritisieren sie Fehlentwicklungen in der entwicklungspolitischen Praxis, ohne jedoch selbst konkrete Alternativen vorzuschlagen.

Äthiopischen Kleinbauern, kenianischen Slumbewohnerinnen oder von Dürre geplagten sudanesischen Nomaden zu erklären, dass ihre Armut konstruiert sei und Entwicklung als Wachstums- und Wohlstandsmodell ausgedient habe, würde bei den Betroffenen wohl kaum auf Zustimmung stoßen. Dennoch, eine nähere und selbstkritische Befassung mit den *Post-Development Studies* lohnt sich allemal. Sie thematisieren und hinterfragen die gängige entwicklungspolitische Praxis, die vorherrschenden Rollenbilder und die Terminologie. Dabei wird auch das unangenehme Thema Rassismus in der Entwicklungszusammenarbeit nicht ausgespart.

Der Vorwurf, rassistisch zu sein, wiegt schwer und würde von allen Akteuren sofort zurückgewiesen werden. Es geht im *Post-Development*-Diskurs aber nicht um den plumpen und offenen Rassismus, sondern um den verdeckten, wie er sich in der entwicklungspolitischen Praxis offenbart. Wer entscheidet über die Vergabe von Fördermittel, wessen Qualifikation gilt mehr, auf wen hört man eher, wer reist öfters und bekommt mehr Gehalt? Durch die Bank der europäische und nicht der afrikanische, asiatische oder lateinamerikanische Kollege. Warum arbeiten kaum Migrantinnen in den Hauptquartieren der Hilfswerke? Warum sind deren Chefs meist weiß? Warum liegen die Zentralen der meisten Hilfsorganisationen in London, New York und Brüssel und nicht in Nairobi, Manila oder La Paz? Warum stellen die meisten Hilfswerke in ihren Spendenkampagnen Afrikaner auch heute noch als hilflos, arm, und abhängig dar?

Alle diese unangenehmen Fragen stellen die *Post-Development*-Theoretiker. Sie bieten Perspektiven aus dem Süden und identifizieren soziale Bewegungen von unten als künftige Träger von Entwicklung. Und die Aktionen von Evo Morales zeigen, dass die Theoretiker mittlerweile auch in der politischen Realität angekommen sind.

Welche Entwicklungstheorie gilt heute?

Die *Modernisierungstheorie* ist veraltet, die *Dependenztheorie* nicht mehr haltbar, der *Neoliberalismus* gescheitert und die *Post-Development*-Debatte lehnt Entwicklung vehement ab. Mit dem Titel von Lenins Hauptwerk könnte man nun zu Recht fragen: »Was tun?« Klar ist, dass keine der großen Theorien mit der allgemein gültigen Antwort auf die Frage, wie Entwicklung in der Vergangenheit passiert ist und in der Zukunft gestaltet werden soll, aufwarten kann. Doch jede Theorie bringt Erklärungsmuster und Versatzstücke ein, die in der Synthese Sinn ergeben. Daher argumentiert man heute nicht mehr mit den Erklärungsmustern einer großen Theorie, denn zu unterschiedlich ist die Ausgangssituation der einzelnen Entwicklungs- und Schwellenländer.

Einen Entwicklungsansatz, der international auf große Zustimmung stößt, bietet der Nobelpreisträger für Wirtschaftswissenschaften Amartya Sen (2002). Der indischstämmige Ökonomieprofessor, der in Harvard lehrt, gilt als Vater des *Human Development Index* (HDI), der seit 1990 von den Vereinten Nationen für jedes Land publiziert wird. Früher galt die Höhe des Bruttonationaleinkommens pro Kopf als zentraler Entwicklungsindikator, obwohl er nichts über andere wichtige Merkmale wie Verteilungsgerechtigkeit, Lebenserwartung und Bildung aussagt.

Genau das macht der *Human Development Index.* Er gilt als Wohlstandsindikator und setzt sich aus der Lebenserwartung bei der Geburt, der durchschnittlichen Schulbesuchsdauer und dem Bruttonationaleinkommen pro Kopf zusammen. Seit fünf Jahren führt Norwegen das Ranking souverän an, als Schlusslicht findet sich Niger.

Amartya Sen ist keinem Theorielager eindeutig zuzuordnen, dennoch ist die Anziehungskraft seiner Thesen bei Anhängern der unterschiedlichsten politischen Richtungen in den vergangenen Jahren gewachsen. Sen argumentiert nicht ideologisch, sondern plädiert für eine ganzheitliche Entwicklung, die auf Gleichberechtigung, Armutsbekämpfung, Befriedigung der Grundbedürfnisse und Selbstverwirklichung des einzelnen basiert. Verwirklichungschancen für jeden sind bei Sen das eigentliche Entwicklungsziel, die Steigerung des Bruttoinlandsproduktes ist dabei nur eine Nebenerscheinung. Individuelle Freiheit ermöglicht es dem Menschen, sich selbst zu helfen und auf seine Umgebung einzuwirken. Sie ist zugleich Mittel und Ziel der Entwicklung. Entwicklung beinhaltet für Sen die Überwindung von Hunger und Unterernährung, die Bekämpfung von absoluter Armut und Ungleichheit, den Zugang zu Bildung, die Erhöhung der Lebenserwartung und die Eindämmung des Bevölkerungswachstums. Fünf einander ergänzende Freiheiten sind nach Sen (2002) die Grundvoraussetzung für die Selbstverwirklichung des einzelnen:

- *Die politische Freiheit*: Demokratie vergrößert die Verwirklichungschancen der Menschen und ist deshalb die beste Regierungsform. Sen argumentiert überzeugend, dass es in Indien seit Einführung der Demokratie keine Hungersnöte mehr gibt, weil sich eine gewählte Regierung solche Verteilungsfehler schlicht und ergreifend nicht leisten kann.
- *Ökonomische Freiheit*: Jedem sollte der Arbeitsmarkt zugänglich sein und jeder soll die Wahlfreiheit haben, welche Produkte er kauft. Dennoch sind auch für ihn staatliche Regulierungen unter bestimmten Umständen notwendig.
- *Soziale Teilhabe*: Menschen können am technischen und medizinischen Fortschritt nur teilhaben, wenn sie Zugang zu Bildungs- und Gesundheitseinrichtungen haben.
- *Gesellschaftliche Transparenz*: Transparenz ist die Vertrauensbasis, auf der eine funktionierende Gesellschaft aufbaut. Transparenz beugt Korruption vor und verhindert einen unverantwortlichen Umgang mit Macht.
- *Soziale Sicherheit*: Der Staat soll soziale Sicherheit bieten, damit Elend, Hungersnöte oder absolute Armut nicht entstehen können. Sozialtransfers für die Ärmsten, wie sie in Brasilien und Südafrika erfolgreich eingeführt wurden, oder die Krankenversicherung für alle, die es seit kurzem in Ruanda und Indien gibt, sind Beispiele dafür.

Nach den Auswüchsen des *Neoliberalismus* bietet Sens Ansatz eine brauchbare Alternative, zumal die Erfolge der Schwellenländer seine

Thesen stützen. Der wirtschaftliche Höhenflug Brasiliens unter Präsident Lula da Silva, der auf marktwirtschaftliche Öffnung bei gleichzeitigen Sozialtransfers beruht, ist das beste Beispiel dafür.

Seitens der *Post-Development*-Theoretiker wird kritisiert, dass Sen nicht die vorherrschenden Machtgefüge hinterfragt. Dass er die Selbstverwirklichung des Einzelnen ins Zentrum seines Modells stellt, kreiden ihm andere wiederum als neoliberales Denken an. Andererseits ist dieser individualistische und unpolitische Zugang auch der Hauptgrund, warum seine Überlegungen in den Vereinten Nationen so breiten Konsens finden.

Ein ebenfalls neueres Konzept ist das bereits in der Einleitung angesprochene Modell »*el buen vivir*« oder das »Gute Leben«. Viele sehen darin eine neue Entwicklungsoption, die Antworten auf die Herausforderungen unserer Zeit gibt. Das »Gute Leben« wird als Zusammenleben in Vielfalt und Harmonie verstanden. Dabei darf die Entwicklung keinesfalls auf Kosten der Natur oder anderer Mitglieder der Gesellschaft erfolgen. Es geht also nicht darum, sich die Erde untertan zu machen oder gar nach westlichen Vorbild zu entwickeln, sondern harmonisch und in Fülle zu leben. Die Fülle bezieht sich dabei nicht auf materielle Reichtümer und Konsummöglichkeiten, sondern auf ein Leben, das sich auf das Wesentliche konzentriert.

Das Konzept des »Guten Lebens« ist auch in den Verfassungen von Bolivien und Ecuador festgehalten und erhielt so einen weiteren Popularitätsschub. Dabei ist anzumerken, dass diesem Ideal realpolitisch das Konzept des Extraktivismus – der Ausbeutung von Rohstoffen – gegenübersteht, mit dem Ecuador und Bolivien ihren sozialen Frieden erkaufen.

Bei der positiven Resonanz, die das »Gute Leben« erhält, besteht die Gefahr der Idealisierung und Mystifizierung des indigenen Konzepts. Diese Gefahr besteht nicht nur in Ecuador und Bolivien selbst, sondern vielmehr noch im Westen, wo »*el buen vivir*« von manchen als neues und alleiniges Entwicklungsparadigma angepriesen wird.

2. Die Praxis – was, wer, wie?

Die Highlights der Entwicklungsdekaden

Die Vereinten Nationen und die Weltbank begannen in den späten 1950er Jahren den Planungshorizont in Zehn-Jahres-Schritte zu unterteilen. So war der Begriff der Entwicklungsdekade geboren, der sich schnell im Sprachgebrauch festsetzte.

Die erste Entwicklungsdekade: 1961–1970

Die erste Entwicklungsdekade stand wenig überraschend ganz im Zeichen der *Modernisierungstheorie.* Die Stoßrichtung – Modernisierung durch »nachholende Entwicklung« nach dem Vorbild der Industrieländer – war klar vorgegeben. Als Zielwert wurde ein Wirtschaftswachstum von 5 % des Bruttosozialprodukts und von 3 % des Pro-Kopf-Einkommens ausgegeben.

Die 60 Milliarden US-Dollar, die während dieser Dekade vom Norden in den Süden flossen, wurden fast vollständig in die Industrialisierung und den Aufbau von Infrastruktur gesteckt. Gefördert wurden Großprojekte wie Staudämme, Straßen und Stahlwerke in der Hoffnung, dass die Fördergelder, wenngleich zunächst in staatliche Strukturen und große Firmen investiert, mit der Zeit durch die breitenwirksame Schaffung von Einkommen und Kaufkraft auch zu den untersten Gesellschaftsschichten durchsickern und somit der gesamten Bevölkerung zugutekommen. Dieser als *trickle down* bezeichnete Effekt blieb genauso aus wie das erwartete Wirtschaftswachstum, das Arbeitsplätze und Wohlstand bringen sollte.

Im Jahr 1969 beauftragte die Weltbank eine Kommission unter Leitung des ehemaligen kanadischen Premierministers Lester Pearson, eine Bestandsaufnahme zur ersten Entwicklungsdekade vorzunehmen. Pearson und sein Team gaben sich ein Jahr Zeit und betrachteten beide Seiten der Medaille, nämlich die der Geber und die der Empfänger.

Bei den Gebern herrschte damals bereits eine Atmosphäre der Enttäuschung und des Misstrauens. Die Entwicklungshilfe, wie sie damals noch genannt wurde, sei in eine akute Krise geraten und die Hilfszahlungen schrumpften, stellte Pearson fest. Folglich schlug er als erster vor, die Industriestaaten mögen jährlich 0,7 % ihres Bruttonationaleinkommens für die EZA zur Verfügung stellen.

Auf Seiten der Empfänger war Pearsons Bilanz durchwachsen: Zwar sei das Wirtschaftswachstum in den meisten Ländern im Plus, werde aber durch das Bevölkerungswachstum wieder zunicht gemacht. Die Gefahr von Hungersnöten sah er dank erster Erfolge der Grünen Revolution, des Einsatzes besseren Saatguts und technischer Innovationen gebannt. Vorausschauend forderte er bereits eine Öffnung der Märkte im Norden für landwirtschaftliche Produkte aus Entwicklungsländern, was jedoch erst Jahrzehnte später, zumindest teilweise, umgesetzt wurde.

Zweite Entwicklungsdekade: 1971–1980

Aufgrund des Versagens der rein auf Wirtschaftsentwicklung ausgerichteten Modernisierungsstrategie setzten die Vereinten Nationen und die Geberländer diesmal auf die Befriedigung der Grundbedürfnisse. Daher wurde auch in Bildung und Gesundheitsversorgung investiert. Arbeitsbeschaffung durch Slumsanierungen und Infrastrukturentwicklung wurde gefördert und die landwirtschaftliche Produktion durch neues Saatgut und neue Anbaumethoden weiter gesteigert.

Von den Empfängerländern wurde nachdrücklich Eigeninitiative und Mitarbeit gefordert. Der Slogan »Hilfe zur Selbsthilfe« hielt als neuer Glaubensgrundsatz Einzug in die entwicklungspolitische Debatte. Wie seinerzeit mit Lester Pearson beauftragten die Vereinten

Nationen wieder einen prominenten ehemaligen Regierungschef mit der Leitung einer Kommission, um die zweite Entwicklungsdekade zu evaluieren. Diesmal wurde der ehemalige deutsche Bundeskanzler und Friedensnobelpreisträger Willy Brandt mit dieser Aufgabe betraut.

Sein Bericht *Das Überleben sichern. Gemeinsame Interessen der Industrie- und Entwicklungsländer* erschien 1980 und gilt bis heute als Meilenstein. Brandt plädierte für eine faire Integration der Länder des Südens in die Weltwirtschaft und stellte unmissverständlich fest, dass eine Region nicht die Probleme einer anderen lösen könne. Ganz im Gegenteil, jedes Land sei selbst für seine Entwicklung verantwortlich. Er betonte auch erstmals die gegenseitige Abhängigkeit in Energie- und Umweltfragen und empfahl die Gründung einer »Südkommission«. Als kurzfristige Maßnahme forderte er wie bereits sein Vorgänger Pearson die Erhöhung der Entwicklungshilfe auf 0,7 % des Bruttonationaleinkommens, eine internationale Energiestrategie und ein weltumspannendes Nahrungsmittelprogramm.

Die breite Öffentlichkeit lobte den Bericht, der damals den entwicklungspolitischen Zeitgeist traf, in den Himmel, während die politischen Entscheidungsträger Wohlwollen äußerten und ihn dennoch ignorierten. Nichts davon wurde umgesetzt.

Dritte Entwicklungsdekade: 1981–1990

Diese Dekade ging als »verlorenes Jahrzehnt« in die Entwicklungsdebatte ein. Die Schuldenkrise brachte viele Länder dem Staatsbankrott nahe. Der radikale Sparkurs, der ihnen zur Sanierung der maroden Staatshaushalte von Währungsfonds und Weltbank verschrieben wurde, machte viele Errungenschaften im Gesundheitssektor und Bildungsbereich wieder zunichte. Als wäre das allein nicht schon genug, kürzten die Industrieländer aufgrund der Weltwirtschaftskrise vorübergehend ihre Budgets für Entwicklungszusammenarbeit.

Was von dieser verlorenen Dekade aber bleibt, ist der bahnbrechende Bericht, der von der Weltkommission für Umwelt und Entwicklung der Vereinten Nationen unter dem Titel *Unsere gemeinsame Zukunft* (Brundtland, 1987) herausgegeben wurde. Er wurde 1987 unter dem Vorsitz der ehemaligen norwegischen Ministerpräsidentin Gro Harlem Brundtland erarbeitet und thematisierte erstmals das Konzept der nachhaltigen Entwicklung und der Generationengerechtigkeit. Die Veröffentlichung des Brundtland-Berichts markierte den Beginn des weltweiten Diskurses über ökologische Verantwortung und führte im Jahr 1992 zur UN-Konferenz für Umwelt und Entwicklung in Rio de Janeiro.

Vierte Entwicklungsdekade: 1991–2000

Das Ende der Sowjetunion hatte die Entwicklungsländer als Nebenschauplatz des Kalten Krieges überflüssig gemacht und die ehemals mit kommunistischen Staaten Europas verbündeten Regierungen in Afrika und Asien orientierten sich entweder am siegreichen Westen oder wurden, bis auf einige Ausnahmen, gewaltsam abgelöst.

Zunehmend wurde »gute Regierungsführung« von den Gebern thematisiert, um sich von den »doppelten Standards«, wie sie während des Kalten Krieges geduldet wurden, zu lösen. Nun erhielten die Entwicklungsländer nicht mehr wegen ihrer Lagerzugehörigkeit Hilfsgelder, sondern aufgrund ihres tatsächlichen oder wenigstens augenscheinlichen Wohlverhaltens in Fragen der Rechtsstaatlichkeit, Demokratisierung und marktwirtschaftlichen Reformen. Darüber hinaus gab es in dieser Dekade fast im Jahrestakt UN-Konferenzen zu den großen globalen Themen:

- Umwelt und Entwicklung in Rio de Janeiro (1992)
- Menschenrechte in Wien (1993)
- Weltbevölkerungskonferenz in Kairo (1994)
- Weltsozialgipfel in Kopenhagen (1995)
- Weltfrauenkonferenz in Peking (1995)
- Ernährungsgipfel in Rom (1996).

Diese Konferenzen sind grundsätzlich positiv zu bewerten, weil zum ersten Mal zentrale globale Themen auf UN-Ebene diskutiert wurden und sie weltweit große Aufmerksamkeit erhielten. Die Abschlussdokumente enthalten wie bei den Vereinten Nationen üblich nur allgemeine Absichtserklärungen, bieten aber einen Bezugsrahmen für Lobbyingaktivitäten von Menschenrechtsorganisationen und Hilfswerken.

Die Millenniums-Entwicklungsziele: 2000–2015

Die Jahrtausendwende markiert auch das Ende der Entwicklungsdekaden. In der bislang größten Vollversammlung der Vereinten Nationen im Jahr 2000 einigten sich 155 Staats- und Regierungschefs unter Vorsitz von UN-Generalsekretär Kofi Annan auf acht *Millenniums-Entwicklungsziele*. Durch ein gemeinsames und abgestimmtes Vorgehen wollte die Weltgemeinschaft maßgebliche Fortschritte erzielen. Es wurden acht verbindliche Ziele formuliert, an denen sich die Strategien der großen internationalen Organisationen, der Geberstaaten und selbst der Nichtregierungsorganisationen (NRO) orientierten sollten (United Nations, 2000):

1. Bekämpfung von extremer Armut und Hunger
2. Primärschulbildung für alle
3. Gleichstellung der Geschlechter / Stärkung der Rolle der Frauen
4. Senkung der Kindersterblichkeit
5. Verbesserung der Gesundheitsversorgung der Mütter
6. Bekämpfung von HIV/AIDS, Malaria und anderen schweren Krankheiten
7. Ökologische Nachhaltigkeit
8. Aufbau einer globalen Partnerschaft für Entwicklung.

Jedem dieser acht Ziele wurden mehrere Indikatoren zugeordnet, an deren Erreichung bzw. Nichterreichung man den Erfolg der globalen

Anstrengung ersehen kann. Die beiden bekanntesten Indikatoren beziehen sich auf das erste Ziel:

- Zwischen 1990 und 2015 den Anteil der Menschen halbieren, die weniger als den Gegenwert von 1,25 US-Dollar pro Tag zum Leben haben.
- Zwischen 1990 und 2014 den Anteil der Menschen halbieren, die Hunger leiden.

In Kapitel 3 »Die Lehren der Vergangenheit« (S. 91ff.) ziehen wir Bilanz über die *Millenniums-Entwicklungsziele.* Eines sei vorweggenommen: Die Verringerung des Anteils der Menschen um 50 %, die mit weniger als 1,25 US-Dollar am Tag auskommen, wurde tatsächlich geschafft. Die Halbierung des Anteils der hungerleidenden Menschen wurde in Teilen Asiens, nicht jedoch in Afrika südlich der Sahara erreicht.

Die Geber – internationale Organisationen, Staaten, Kirchen, Stiftungen, Hilfswerke und Einzelkämpfer

Auf der Geberseite tummeln sich 40 Industriestaaten und Schwellenländer, 17 Institutionen der Vereinten Nationen, 20 Finanzinstitutionen, wie die Weltbank und regionale Entwicklungsbanken, sowie abertausende Nichtregierungsorganisationen (NRO), kirchliche Hilfswerke und Privatinitiativen.

Internationale Organisationen

Der Apparat der Vereinten Nationen

Die Vereinten Nationen bestehen aus zahlreichen Unterorganisationen mit klingenden Abkürzungen wie UNDP, WHO, WFP, UNICEF, UNESCO, UNIDO etc. Sieben davon – allen voran die Organisation der Vereinten Nationen für industrielle Entwicklung – sind in Wien angesiedelt. In Genf arbeiten die meisten Angestellten, denn dort residieren die Weltgesundheitsorganisation und die internationale Arbeitsorganisation. In New York befindet sich der wichtigste Sitz. Hier tagen der ständige Sicherheitsrat und einmal im Jahr im September die Generalversammlung aller Mitgliedstaaten.

Die Vereinten Nationen sind aufgrund ihrer zersplitterten Struktur und Entscheidungsmechanismen nach dem Prinzip »Ein Land – eine Stimme« ein sehr schwerfälliger, reformresistenter und teurer Koloss. Die Entwicklungsbudgets der UN sind im Vergleich zu denen der Geberländer relativ klein, auch zahlen die Mitgliedsländer ungern in die UN-Töpfe ein, es sei denn, es winken im Gegenzug dazu lukrative Jobs, Konferenzen oder Möglichkeiten zur politischen Einflussnahme.

Bei aller Kritik sind die Vereinten Nationen aufgrund ihres Alleinstellungsmerkmales als Weltvertretung unverzichtbar. Bei Friedensverhandlungen, bei friedenssichernden Missionen, der Verabschiedung von Sanktionen, der Betreuung von Flüchtlingen und der Entwicklung der großen Leitlinien, wie den *Millenniums-Entwicklungszielen* oder den aktuellen *nachhaltigen Entwicklungszielen* sind sie bis heute alternativlos.

Abseits der Kritik an ihrer Ineffizienz und Bürokratie mehren sich auch Stimmen, die eine Neustrukturierung der Vereinten Nationen fordern. Im Zentrum des Veränderungsinteresses befindet sich die Zusammensetzung des UN-Sicherheitsrates, der als wichtigstes Entscheidungsgremium der Vereinten Nationen gilt. Jedem ist klar, dass die ständigen Mitglieder des Weltsicherheitsrates die Nachkriegsordnung repräsentieren, obwohl die heutige Welt eine andere ist. Indien, Brasilien, Deutschland und weitere Länder wie Südafrika drängen auf einen ständigen Sitz im Sicherheitsrat. Dennoch wollen die bisherigen ständigen Mitglieder den Status Quo so lange wie möglich aufrechterhalten. Hier dürfte es sich aber nur mehr um eine Frage der Zeit handeln, bis sich die Aspiranten durchsetzen. Damit sollte auch ein längst überfälliger Bedeutungsgewinn der Vereinten Nationen einhergehen, die besonders in den letzten 15 Jahren durch militärische Alleingänge der Vereinigten Staaten und ihrer Verbündeten an Einfluss verloren haben.

Bretton-Woods und seine beiden Kinder – Weltbank und Internationaler Währungsfonds

Eine ganz andere realpolitische Schlagkraft haben die beiden sogenannten Bretton-Woods-Institutionen: die Weltbank und der internationale Währungsfonds. Sie wurden 1944 von 44 Nationen – allen voran den angehenden Siegermächten des Zweiten Weltkriegs – im idyllischen Dorf Bretton Woods in Neuengland gegründet. Ziel war es, eine stabile internationale Währungsordnung mit dem US-Dollar als Leitwährung zu etablieren. Der berühmte britische Ökonom John Maynard Keynes war neben dem US-Amerikaner Harry Dexter White der Mastermind der Konferenz, und noch heute, mehr als 70 Jahre nach der Unterzeichnung, gilt das Abkommen als großer Erfolg. Es trug in den Industrieländern maßgeblich zum Wirtschaftswachstum in der Nachkriegszeit bei. Die Industrieländer dominieren auch die Entscheidungsgremien, denn anders als bei den Vereinten Nationen erhalten die Länder ihren Stimmanteil gemäß ihren Einzahlungen. Den größten Stimmanteil und damit ein Vetorecht halten traditionell die Vereinigten Staaten von Amerika.

Was bedeutete Bretton-Woods und die Politik des Internationalen Währungsfonds und der Weltbank für die Entwicklungsländer?

Beide vergeben günstige Kredite an Entwicklungsländer mit dem Ziel, deren Wirtschaft zu fördern und die Währung stabil zu halten. Dementsprechend werden gerne Großprojekte wie Staudämme, Straßen, Eisenbahnen und Stahlwerke finanziert. Besonders in der Anfangszeit wurde nicht gekleckert, sondern geklotzt. Wenig überraschend endete das eine oder andere Großprojekt als Entwicklungsruine.

In den 1970er Jahren schwenkte die Weltbank unter ihrem Präsidenten Robert McNamara kurzzeitig auf eine Strategie zur Armutsbekämpfung und Sicherung der Grundbedürfnisse um. Berüchtigt wurden Weltbank und Internationaler Währungsfonds nach der Schuldenkrise in den 1980er Jahren, als sie die Entwicklungsländer zwangen, im Gegenzug für neue Kredite neoliberale Strukturanpassungsprogramme umzusetzen, die viele bescheidene soziale Errungenschaften zunichtemachten.

Traditionell ist die Weltbank der wichtigste *Think-tank* im Bereich Entwicklungszusammenarbeit. Sie beschäftigt gut 11.000 Mitarbeiter, vergibt rund 40 Milliarden US-Dollar an Krediten im Jahr und ist der unumstrittene Themenführer in er entwicklungspolitischen Diskussion. Die jährliche Präsentation des Weltbankberichts gilt als richtungsweisend. 2014 widmete man sich den *»Folgen des Klimawandels«* (World Bank, 2014), 2015 dem Thema *»Bewusstsein, Gesellschaft und Verhalten«*.

Aufsehen erregte im Sommer 2014 die Meldung, dass die Schwellenländer Brasilien, Russland, Indien, China und Südafrika eine eigene Entwicklungsbank mit einen Startkapital von 50 Milliarden US-Dollar und einen Währungsfonds mit 100 Milliarden US-Dollar Einlagevolumen gründen. Pikanterweise fiel diese Neugründung genau mit dem 70. Jahrestag der Bretton-Woods-Konferenz zusammen. Damit wollen die Schwellenländer, die bereits 40 % der globalen Devisenreserven halten, eine Alternative zur Weltbank und zum internationalen Währungsfonds schaffen und stärker in der globalen Finanzpolitik mitmischen. Den Ländern des globalen Südens sollen damit alternative Finanzierungsmöglichkeiten geboten werden, bei denen westliche Sanktionen, wie sie aufgrund der Ukrainekrise 2015 über Russland verhängt wurden, keine Rolle mehr spielen können.

Bilaterale Entwicklungsprogramme von Geberstaaten

Als Harry S. Truman die Welt aufrief, die Entwicklung in den armen Ländern des Südens voranzutreiben, dauerte es noch elf Jahre, bis 1960 die *Development Assistance Group* aus der Taufe gehoben wurde. Unter deren Dach hatten sich Belgien, Kanada, Frankreich, Deutschland, Italien, Portugal, Großbritannien, die Vereinigten Staaten und die Europäische Kommission versammelt, um ihre Entwicklungsgelder offenzulegen. Mittlerweile heißt die Versammlung *Committee for Official Development Assistance* und ist auf 28 Geberstaaten angewachsen. Die sogenannten »neuen« Geber wie Indien, Türkei, die Vereinigten Arabischen Emirate, Brasilien und China sind nicht im Klub, haben aber einen Beobachterstatus. Bereits 1970 wurde in der UN-Vollversammlung von den Industriestaaten das Versprechen gegeben, mindestens 0,7 % des Bruttonationaleinkommens zur Unterstützung von Entwicklungsländern aufzuwenden. Traditionell wird das nur von den skandinavischen Ländern, Luxemburg und den Niederlanden sowie 2013 von Großbritannien und damit zum ersten Mal von einem G8-Staat erreicht. Am Ende der Skala finden sich Österreich, die Vereinigten Staaten, Italien und Griechenland, deren Beiträge meist zwischen 0,2 und 0,3 % des Bruttonationaleinkommens pendeln.

Was passiert mit dem Geld?

Ein Teil geht direkt in die Entwicklungsländer und wird für Infrastrukturprojekte, den Aufbau der öffentlichen Verwaltung, zur Finanzierung des Gesundheitssystems und für das Bildungswesen herangezogen. So werden Projekte, die Geberländer als prioritär erachten, oft zur Gänze finanziert. Die Behandlung von 275.000 HIV-Infizierten in Tansania mit antiretroviralen Medikamenten schlägt beispielsweise pro Jahr mit 251 Millionen Euro zu Buche und wird vollständig von Geberstaaten bezahlt (Hunsmann, 2012). Ein kleiner Teil der öffentlichen Mittel wird auch über die sogenannte Kofinanzierung von Hilfswerken abgewickelt. Beispielsweise gibt es in Österreich Kofinanzierungen, bei denen die antragstellende Nichtregierungsorganisationen (NRO) 30 % des Projektbudgets als Eigenmittel einbringen müssen, während die staatliche Agentur für Entwicklungszusammenarbeit (Austrian Development Agency – ADA) die restlichen 70 % beisteuert. Das deutsche Bundesministerium für wirtschaftliche Zusammenarbeit und Entwicklung (BMZ) bietet den NRO Kofinanzierungen von 50 %, bei der EU sind Kofinanzierung bis zu 90 % möglich, was für NRO eine besonders große Hebelwirkung der knappen Spendengelder bedeutet.

Die Förderpraxis der bilateralen Geber ist im Umbruch. Während in den 1990er Jahren Fördermittel mit wenigen Auflagen an NRO und anderen Akteuren ausbezahlt wurden, ist die Vergabe heute an umfassende administrative und programmatische Auflagen geknüpft. Diese sollen die widmungsgemäße Verwendung der Gelder sicherstellen und dem Steuerzahler versichern, dass das Geld auch ankommt. So werden Fonds in Tranchen aufgeteilt, wobei nur ein kleiner Teil im Voraus an den Projektträger überwiesen wird. Alle weiteren Tranchen werden nur bei Zielerreichung und korrekter Abrechnung ausbezahlt. Dieses sogenannte *results-based financing* soll Korruption, Verzögerungen bei der Umsetzung und Qualitätsmängel eindämmen.

In begrenztem Maße ist dieser neue Zugang auch erfolgreich. Die Fördernehmer orientieren sich tatsächlich stärker an den Resultaten. Allerdings hat dieser unumkehrbare Trend zur Bürokratisierung auch Nachteile. So klagen viele Projektmitarbeiter darüber, dass sie mehr Zeit mit der Erstellung der komplexen Berichte und Abrechnungen verbringen als mit der eigentlichen Arbeit in den Projekten.

Vor einigen Jahren war ein neues Finanzierungsinstrument hoch im Kurs: die Budgethilfe. Dabei wurde direkt in Budgettöpfe der Ministerien in Entwicklungsländern einbezahlt, um deren Selbstständigkeit zu fördern und die Eigenverantwortung zu erhöhen. Aufgrund von Korruptionsskandalen wurde dieses Finanzierungsinstrument zurückgefahren und wird heute nicht mehr als vielversprechendes Modell propagiert. Aktuell kommt die Budgethilfe nur einigen wenigen gut regierten und effizient verwalteten Länder zugute.

Obwohl 2014 mit 137 Milliarden USD an öffentlichen Entwicklungsgeldern in quantitativer Hinsicht ein neuer Höchststand erreicht wurde, gibt es Entwicklungen, die überraschen. So haben Australien und Kanada ihre profilierten staatlichen Entwicklungsagenturen abgeschafft und deren Agenden dem Außenministerium mit dem Schwerpunkt Außenwirtschaft zugeschlagen. Das lässt eine Kommerzialisierung der Entwicklungszusammenarbeit befürchten, sollten weitere Länder diesem Beispiel folgen.

Der Meilenstein von Paris

2005 fand in Paris ein hochkarätiges Treffen von Vertretern der Geberstaaten, der Vereinten Nationen, der Weltbank und des Währungsfonds statt. Diese Konferenz endete mit der *Erklärung von Paris über die Wirksamkeit der Entwicklungszusammenarbeit* (OECD, 2005), im Folgenden kurz *Pariser Erklärung* genannt, die ein neues Zeitalter in der Entwicklungspolitik einläutete. Die Industrie- und Entwicklungsländer einigten sich auf fünf Prinzipien, die dazu führen sollen, die Wirkung der Entwicklungszusammenarbeit maßgeblich zu erhöhen:

- *Eigenverantwortung*: Die Entwicklungsländer nehmen die Führungsrolle bei der Planung und Umsetzung der Programme ein.
- *Anpassung an die Systeme der Partnerländer*: Früher war es üblich, dass der Geber entschied, was gefördert wird. Seit Paris ist das an-

ders, denn die Geber haben sich verpflichtet, ihre Unterstützung gemäß den nationalen Programmen zur Armutsbekämpfung und anderen Strategien anzupassen.

Wie Ausschreibungen für Autos oder Beratungsleistungen zu handhaben sind und – um bei den Autos zu bleiben – welche Automarken angeschafft werden, soll seit Paris vom Empfänger entschieden werden. Das ist ein echter Paradigmenwechsel, denn bis vor wenigen Jahren bestand die Europäische Kommission bei »ihren« Projekten darauf, nur Autos anzuschaffen, die auch in der EU gebaut wurden. So erklärt sich, warum in manchen Projekten teure Geländefahrzeuge von Mercedes statt des erprobten und billigen Toyota Landcruiser zum Einsatz kamen. Diese Absurdität ist seit Paris glücklicherweise Geschichte.

- *Harmonisierung*: Jedes der 28 Geberländer vereinheitlicht seine Förderbestimmungen und reduziert seine Unterstützung auf wenige ausgewählte Empfängerländer. In der Praxis wird dieses Prinzip bislang nur sehr zögerlich umgesetzt. So sind in Mosambik nicht mehr 25 Geberländer mit Büro, Personal und 3.000 Projekten vertreten, sondern »nur« noch 19, aber diese dafür mit größeren Portfolios. Immerhin, die Richtung stimmt.
- *Ergebnisorientiertes Management*: Um die Wirkung der Entwicklungszusammenarbeit fassbar zu machen, werden regelmäßig Daten erhoben und wird über Fortschritte berichtet.
- *Beiderseitige Rechenschaftspflicht*: Diese Bestimmung war ein echtes Novum. Jetzt müssen nicht nur die Empfänger Bericht über die Mittelverwendung vorlegen, sondern auch die Geber sind dazu angehalten, ihre Förderzusagen mehrjährig verbindlich zu machen und ihre Begründung im Falle von Projektablehnungen offenzulegen.

Die *Pariser Erklärung* ist ein wichtiger und unumkehrbarer Schritt in die richtige Richtung. Wie so oft bei großen Würfen hinkt aber die

Umsetzung hinterher. Kein Geberland gibt gerne Projekte ab, von liebgewordenen Spielregeln und Standards für Berichte und Abrechnungen ganz zu schweigen.

Eine erste Evaluierung zur Umsetzung der *Pariser Erklärung* aus dem Jahr 2011 hält fest, dass das Prinzip der Eigenverantwortung am besten umgesetzt wurde, die Anpassung an die Systeme der Partnerländer und die Abstimmung untereinander sind durchwachsen. Die Umstellung auf ergebnisorientiertes Management und die Einhaltung der beiderseitigen Rechenschaftspflicht kam jedoch kaum von der Stelle (UNDP, 2011).

Über die Jahre hat sich im *Committee for Official Development Assistance* die schlechte Gewohnheit eingeschlichen, die Entwicklungsleistungen sehr großzügig zu interpretieren, um auf einen herzeigbaren Zehntelprozentsatz, gemessen am Bruttonationaleinkommen zu kommen. So werden Studienplatzkosten, Verwaltungskosten der Geber, Entschuldungen und sogar UN-Friedensmissionen als Entwicklungshilfe verbucht. Besonders kreativ ist dabei traditionell Österreich, das auch Ausgaben für Asylwerber einbezieht. Damit wird es 2015 aufgrund der Flüchtlingskrise wohl einen Höchststand an öffentlichen Entwicklungshilfeleistungen (*Official Development Assistance* – ODA) verzeichnen. Der Anteil der gestaltbaren und direkten Hilfe, also der Gelder, die in Form von konkreten Projekten in Entwicklungsländern umgesetzt werden, ist jedoch beschämend gering und liegt im Fall von Österreich bei nur 15 % der Gesamtsumme, die jährlich an die OECD gemeldet wird.

Der europäische Dachverband der entwicklungspolitischen NRO, *Concord*, erstellt jährlich den sogenannten *Aid Watch Report*, in dem detailliert für jedes Geberland dargestellt wird, auf welche Art und Weise die geleisteten Zahlungen für Entwicklungszusammenarbeit »schön-« gerechnet werden.

Welche Rolle spielen die Entwicklungshilfegelder für die Empfängerländer?

Innerhalb der Empfängerländer variiert die Abhängigkeit erheblich: Für aufstrebende Staaten in Ostasien oder Lateinamerika spielt die Unterstützung keine große Rolle. In Afrika sieht es hingegen ganz anders aus. Das Bruttonationaleinkommen der meisten Staaten wird zu 10 bis 20 % aus Zuwendungen gespeist. An der Spitze steht Liberia mit 78,3 %, gefolgt von Burundi mit 41,2 %. Tansania wiederum hängt zu 13,7 % am Spendentropf, und sogar das aufstrebende und selbstbewusste Ruanda erhielt 2009 noch 18 % seines Bruttonationaleinkommens aus Mitteln der Entwicklungszusammenarbeit (World Bank, 2011).

Um welche Summen geht es?

Pro Jahr wenden die Geberländer rund 110 Milliarden Euro für Entwicklungszusammenarbeit auf. Darin sind auch die Zuwendungen der Europäischen Kommission und die vergleichsweise bescheidenen Mittel, die über die Vereinten Nationen und ihre Unterorganisationen in Projekte fließen, enthalten. Diese Gelder sind Fördermittel und müssen nicht zurückgezahlt werden.

Die Weltbank, Regionalbanken und der Internationale Währungsfonds sowie die neuen Geberländer wie China, Türkei etc. stellen zusätzlich rund 50 bis 60 Milliarden pro Jahr zur Verfügung, wobei die Mittel der Weltbank und des Währungsfonds im Gegensatz zu dem Großteil der bilateralen Mittel auch wieder zurückgezahlt werden müssen.

Alles in allem kommt man auf 170 bis 180 Milliarden Euro pro Jahr und rund 500.000 Arbeitskräfte, die in der Entwicklungszusammenarbeit tätig sind. Diese Zahlen, die eher hoch als niedrig gegriffen scheinen, nennt der britische Ökonom Paul Collier (2008). Zum Vergleich: Das Bruttonationaleinkommen des vergleichsweise kleinen Österreich liegt bei 295 Milliarden Euro, ist also deutlich höher als die gesamte globale Entwicklungszusammenarbeit zusammen. Wenn man es auf den jährlichen Anteil pro Staatsbürger umlegt, dann zahlt ein Österreicher 103 Euro, ein Deutscher 122 Euro und ein Norweger 820 Euro über seine Steuern pro Jahr für Entwicklungszusammenarbeit. Eine kommentierte Zusammenschau der wichtigsten Zahlen für Deutschland, Österreich und die Schweiz in Form von Grafiken und Tabellen findet sich im statistischen Anhang (vgl. S. 161ff.).

Nichtregierungsorganisationen

Es gibt sie in allen Facetten: große und kleine, lokale und internationale, glaubensbasierte oder politisch orientierte, auf ein Thema fokussiert oder die ganze Welt rettend. Nichtregierungsorganisationen (NRO) haben in den 1990er Jahren einen ungeheuren Bedeutungsaufschwung erfahren und während dieser zehn Jahre ihre Zahl vervielfacht – man geht von rund 40.000 internationalen NRO aus (Fee 2012, S. 190ff.) – nicht umsonst wird diese Zeitspanne oft als Dekade der NRO bezeichnet.

NRO sind nach landläufiger Vorstellung gemeinnützig, nicht gewinnorientiert und erbringen Serviceleistungen, die weder der Staat noch die Privatwirtschaft bereitstellt. In der Entwicklungszusammenarbeit sind NRO zentrale Akteure. Waren es zu Beginn oft kleine, von ehrenamtlichen Aktivisten getragene Vereine, so haben sich viele NRO in den vergangenen 25 Jahren professionalisiert, spezialisiert und global vernetzt.

Die große Gefahr der zunehmenden Professionalisierung ist der Verlust der »Seele« der NRO und damit auch der Verwurzelung in der Bevölkerung. Es ist einerseits gut, wenn wohltätige Vereine genauso effizient und professionell arbeiten wie Firmen oder gut aufgestellte Behörden. Um das zu erreichen, müssen sich NRO zwangsläufig auch dieselben Arbeitsmethoden, Qualitätskriterien und wohl auch ähnliche Wertvorstellungen aneignen, wie sie im kommerziellen oder öffentlichen Bereich üblich sind.

Wenn dann nur mehr von Kosteneffizienz, Wirksamkeit und Richtlinien gesprochen wird, kann aber zu recht kritisch gefragt werden, worin sich manche NRO noch von einer profitorientierten Beratungsfirma unterscheiden. In diesem Dilemma stecken viele etablierte NRO. Die Professionalisierung ging Hand in Hand mit einer Internationalisierung. Manche NRO haben sich zu Föderationen zusammengeschlossen oder traten internationalen Netzwerken bei, um global wahrgenommen zu werden und ihre Anliegen wirkungsvoller vertreten zu können. Im Jahr 1969 gab es beispielsweise nur 377 NRO, die bei den Vereinten Nationen einen Konsultativstatus innehatten, 2005 waren es schon 2.614. Große NRO wie *Care International*, *World Vision* und *Caritas*, um nur drei zu nennen, unterhalten seit Jahren ihre Außenbüros in Brüssel oder New York, um als Lobbyisten ihre Themen auf die politische und mediale Agenda zu bekommen. NRO sind also nicht nur mit der konkreten Projektumsetzung in den Armutsgebieten betraut, sondern fungieren auch als Berater, Mitspieler oder Gegenspieler von Regierungen, Konzernen oder den Vereinten Nationen.

Wie man gekonnt auf der Medienorgel spielt …

Als Sternstunde der NRO im Umweltbereich gilt das Husarenstück von Greenpeace im Jahr 1995: Aktivisten besetzten unter großem Risiko für Leib und Leben die Ölplattform Brent Spar und lösten damit ein mediales Trommelfeuer auf den Ölkonzern Shell aus. Die mediale Inszenierung bediente sich der »David gegen Goliath«-Legende. Umsatzeinbrüche und Boykottaufrufe zwangen Shell rasch in die Knie und verhinderten so die Versenkung der kontaminierten Bohrinsel im offenen Meer. Das Spielen auf der Medienorgel will gelernt sein. Diese Fähigkeit haben auch entwicklungspolitische NRO mittlerweile perfektioniert: Medien werden mit Geschichten und Bildern aus den Projektgebieten bedient und Mitarbeiter wahlweise als Helden oder Experten inszeniert. Anwaltschaftliche Themen werden mit professionell inszenierten Kampagnen unter das Spendervolk gebracht. Die Kampagne gegen die Verbreitung von Anti-Personen-Minen, die mit dem Nobelpreis geadelt wurde, ist ein eindrucksvolles Beispiel dafür. Eine direkte Folge davon war die *Ottawa-Konvention* aus dem Jahr 1997, die den 161 Unterzeichnerstaaten den Einsatz, die Lagerung und die Produktion von Anti-Personen-Minen verbietet.

In der Entwicklungszusammenarbeit gilt die *Make Poverty History*-Kampagne von 2005, die international von Bono Vox und Bob Geldof und in Deutschland von Herbert Grönemeyer angeführt sowie von vielen NRO mitgetragen wurde, als großer Kampagnenerfolg. Damals beschlossen die Regierungschefs der G8-Länder im schottischen Gleaneagles einen vollständigen Schuldenerlass für 18 der ärmsten Entwicklungsländer, davon 14 in Afrika. Die Legende besagt, dass der damalige US-Präsident George W. Bush Bono gegenüber einen 70 %-Erlass in Aussicht gestellt hatte. Wobei Bono meinte, über 70 % könne er keinen Song machen, alle Schulden müssten erlassen werden. Diese Form der Unterstützung wird gerne als *glamour aid* bezeichnet und hat sich auf politischer Ebene als durchaus wirkungsvoll erwiesen. Bei diesem G8-Gipfel wurde auch eine Verdoppelung der Mittel der Entwicklungszusammenarbeit in Aussicht gestellt. Diese Hoffnung war jedoch spätestens nach Beginn der Finanzkrise 2009 wieder dahin.

Abgesehen von ihrer Rolle als selbsternannte Stimme der Armen sind NRO auch wichtige Dienstleister in den Entwicklungsländern selbst. Sie sind vergleichsweise unbürokratisch und agieren schnell und unauffällig, besonders wenn sie und ihre lokalen Partnerorganisationen Leistungen anbieten, die staatliche Strukturen im Entwicklungsland selbst nicht erbringen können oder wollen. So übernehmen NRO – und hier besonders kirchliche Hilfswerke – in den ärmsten Ländern klassische Staatsaufgaben. Sie betreiben Krankenhäuser, Schulen, Sozialeinrichtungen, landwirtschaftliche Beratungsleistungen und dergleichen mehr. Ein Teil davon wird von Geberländern finanziert, der

Rest wird durch Spenden bestritten. Das Spendenaufkommen ist im Vergleich zu den öffentlichen Mitteln bescheiden. Es wird auf rund ein Zehntel der gesamten Entwicklungsgelder geschätzt. So werden in Österreich jährlich rund 65 Euro pro Einwohner an Spenden gesammelt, in der Schweiz sind es beachtliche 174 Euro und in Deutschland immerhin 92 Euro (Fundraising Verband Austria, 2014).

Wem soll man spenden?

Wie kann man als Spender nun erkennen, ob eine NRO gut arbeitet und die ihr anvertrauten Spendengelder wirksam einsetzt? Ein Blick auf die Homepage der Organisation ist meist hilfreich. Professionelle Vereine sind registriert, stellen ihre Tätigkeitsberichte und Jahresabschlüsse online und führen das Spendengütesiegel, das es in Österreich seit 2001 gibt und das von der Kammer der Wirtschaftstreuhänder vergeben wird. In Deutschland und in der Schweiz gibt es keine öffentliche Zertifizierung, hier übernehmen diese Aufgabe Stiftungen, konkret das Deutsche Zentralinstitut für soziale Fragen und in der Schweiz die Zentralstelle für Wohlfahrtsorganisationen. Die steuerliche Absetzbarkeit der Spenden ist ein weiteres Merkmal. Förderwürdige Organisationen erhalten meist auch öffentliche Gelder und geben Auskunft über die Höhe ihrer Verwaltungs- und Werbekosten.

Die meisten NRO kalkulieren mit einem zehnprozentigen Kostenanteil für Verwaltung. Werden die Spenden über sogenannte Mailings – also Massenpostwurfsendungen – und über Plakatwerbung eingeworben, erhöht sich der Anteil auf bis zu 25 %. Mehr darf es aber nicht sein. Zumindestens 75 % der Spenden sollten direkt den Menschen in den Entwicklungsländer zugutekommen.

Es gibt aber Persönlichkeiten, die das ganz anders sehen. Wie zum Beispiel der US-Amerikaner Dan Palotta. Er organisierte von 1998 bis 2002 Charity-Wanderungen mit dem Zweck, Spenden für die Erforschung von Brustkrebs zu sammeln. Was als kleine Initiative begann, entwickelte sich zu einem Massenevent. Insgesamt sammelte er mit den

Charity Marches 196 Millionen US-Dollar in fünf Jahren. Allein beim letzten Event 2002 wurden von den zehntausenden Teilnehmerinnen 71 Millionen US-Dollar gespendet. Kurze Zeit später gab es landesweit einen medialen Aufschrei, als bekannt wurde, dass mehr als 40 % der Spendengelder für die Organisation und Bewerbung des Events sowie für Gehälter und Sachkosten ausgegeben wurden.

Ist das ein Skandal? Dan Palotta meint nein. Es sei besser, 40 % für ein professionelles Fundraising auszugeben und damit zusätzliche Millionen zu generieren, als sparsam und klein dahin zu werken und wenig zu bewirken. Palotta plädiert dafür, es den privaten Unternehmen gleich zu tun und in Werbung und Marketing zu investieren, um so den Spenderkuchen zu vergrößern. 1 Million Euro in Fundraising zu investieren kann mehrere Millionen an zusätzlichen Spenden generieren, so seine einfache Rechnung. Auch wenn man ihm nicht in allem Recht gibt, ist sein Plädoyer zur Enttabuisierung der Verwaltungs- und Werbekosten diskussionswürdig.

Ein weiteres Kriterium ist die Professionalität der NRO, und zwar nicht im Spendensammeln und ihrem öffentlichen Auftreten, sondern in der Qualität ihrer Projekte. Es gilt zu hinterfragen: Ist die NRO Teil eines Netzwerkes? Hat sie Vor-Ort-Büros und konzentriert sie sich auf ausgewählte Länder und Schwerpunktsektoren, wo sie sich auskennt? Oder arbeitet sie isoliert und überweist ihre Spenden an beliebige Projekte in der ganzen Welt?

Das wichtigste Kapital einer NRO auf dem Spendermarkt ist das Vertrauen, das ihr die Öffentlichkeit entgegenbringt. Spender langfristig an die Organisation zu binden, verlangt eine klare Botschaft (»Mit 30 Euro retten Sie Augenlicht!« – »Geben Sie Straßenkindern ein Zuhause!« – »Schenken Sie einer Familie eine Ziege!«), einen charismatischen Geschäftsführer oder Gründer, der als Gesicht der Organisation nach außen wirkt, oder eine breite Verankerung in der Gesellschaft, wie sie mitgliedsstarke Organisationen – als Beispiel seien das *Rote Kreuz* oder die *Caritas* genannt – aufweisen. Das über Jahre mühsam erworbene

Vertrauen der Spender durch einen Skandal zu verlieren, kommt einem Super-GAU gleich und kann die Organisation in ihrer Existenz bedrohen (vgl. Das Schreckgespenst Korruption – ein Phantom, S. 109ff.).

Die Konsequenzen des Slogans »Bei uns kommt jeder Cent bei den Bedürftigen an!«

»Die Spende wird persönlich von mir an einen Vertrauensmann im Land übergeben. Ich garantiere, dass jeder von Ihnen gespendete Cent vollständig den Armen zu Gute kommt«. Solche Formulieren finden sich häufig in Broschüren kleiner Spendeninitiativen. Wie seriös ist diese Ansage und welche Konsequenzen ergeben sich daraus?

Wenn 100 % der Spende ins Projekt gehen, kann niemand bezahlt werden, der seriöse Projektpartner auswählt, Projekte entwickelt, Verträge ausstellt, die Projektumsetzung kontrolliert, Abrechnungen und Berichte schreibt und, etwa über Evaluierungen, auch die Qualität der Arbeit überprüft. Es sind daher oft kleine, auf ehrenamtliche Mitarbeit angewiesene Organisationen, die ihren Unterstützern garantieren, dass jeder Cent ankommt. Das kann auch stimmen, denn eine Auslandsüberweisung ist schnell getätigt. Aber wofür das Geld vor Ort eingesetzt wird, wer davon profitiert und was damit bewirkt wird, lässt sich so nicht kontrollieren.

Ein Spezialthema sind die sogenannten *charity events*, wo Prominente sich und ihr soziales Engagement medial inszenieren und dann im festlichen Rahmen, bei Champagner und Lachsbrötchen, öffentlichkeitswirksam wahlweise für Waisenkinder, Katzenbabies oder Obdachlose spenden. Nach dem Kassensturz macht der Reinerlös solcher Events oft nur ein paar hundert Euro und somit einen Bruchteil der Gesamtkosten aus. Diese Inszenierungen sind oft ein reiner Selbstzweck im Buhlen um das knappe Gut der medialen Aufmerksamkeit.

Neue Finanzierungsquellen für die Entwicklungszusammenarbeit

Viele NRO leiden seit der Finanzkrise 2008 unter sinkenden Einnahmen, weil staatliche Förderungen, die oft den Löwenanteil der Budgets ausmachten, zurückgeschraubt wurden und die Zuwendungen aus Spenden stagnieren. Not macht erfinderisch, und so haben viele NRO neue Einnahmequellen aufgetan. Eine Möglichkeit sind Einnahmen aus privatwirtschaftlicher Geschäftstätigkeit. So kann eine NRO ihr Wissen zu Geld machen, indem sie Beratungstätigkeit oder Trainingsprogramme gegen Gebühren anbietet. Auch der Betrieb von Second-Hand-Läden, die von Freiwilligen oder auf dem regulären Arbeitsmarkt schwer vermittelbaren Personen geführt werden, sind denkbar. Die renommierte britische NRO *Oxfam GB* hat bereits seit langem solche gut etablierten Geschäftsfelder, im Fachjargon auch *income generating activity* (IGA) genannt. Im deutschsprachigen Raum wird eine profitorientierte Tätigkeit von NRO meist noch kritisch gesehen, denn viele argumentieren, dass sie von den eigentlichen wohltätige Zielen ablenkt.

Letztlich gibt es einen pragmatischen Grund für IGAs: NRO, die sich zum Großteil aus öffentlichen Mitteln finanzieren, laufen Gefahr, ihre Unabhängigkeit zu verlieren oder aufgrund sinkender Mittel ihre Programme einstellen zu müssen. Eine unabhängige Einkommensquelle kann also nicht nur die Daseinsberechtigung als Nichtregierungsorganisation sichern, sondern auch das langfristige Überleben der Organisation.

Eine weitere Finanzierungsquelle für NRO sind private Geber mit viel Kapital, so genannte *high net-worth individuals* (HNWI). Denn die Einkommens- und Kapitalelite ist wesentlich uneigennütziger als gemeinhin angenommen. Die Spendenfreundigkeit dieser HNWI hat während und nach der Finanzkrise kaum nachgelassen. Allerdings sind diese Großspender keine einfache Klientel. Die meisten sind erfolgsverwöhnte Personen, die ein konkretes Problem anpacken und lösen möchten. Komplexe Herausforderungen, wie wir sie in der EZA antreffen, sind oft wenig »attraktiv« für HNWI. Dennoch machen sich viele NRO große Hoffnungen auf deren Zuwendungen. Dafür gibt es gute Gründe:

- Die tendenziell steigende Erbschaftssteuer und andere Kapital- und Einkommenssteuern bewegen viele HNWI dazu, »lieber zu spenden, als Steuern zu zahlen«. Spenden an wohltätige Organisationen sind in den meisten Staaten nämlich steuerlich absetzbar.
- Die Zahl der Multimillionäre in Indien, Indonesien, Nigeria, Kenia und in anderen Ländern nimmt rasch zu. Sie spenden Teile ihres Vermögens aus traditionellen und religiösen Gründen. So ist es für Buddhisten und Muslime üblich, mindestens 10 % des Einkommens an Bedürftige abzugeben.
- Im globalen Norden findet ein Umdenken statt. Viele HNWI, inklusive Warren Buffet, Bill Gates oder Richard Branson, gründen Stiftungen und vertreten öffentlich die Meinung, dass ihre Kinder unbelastet von einem Milliardenvermögen ihr eigenes Glück aufbauen sollen.

Bei all dem Nutzen, den solche Zuwendungen stiften können, ist aber zu bedenken, dass die Motivation nicht immer wohltätig und uneigennützig ist. Oft wollen Industrielle ihr Image aufwerten oder es wird versucht, über NRO gesellschaftspolitischen Einfluss zu nehmen. Einige HNWI haben nicht nur große Brieftaschen, sondern ebenso große Egos. So erwarten viele HNWI in strategische Entscheidungen und ins Marketing einbezogen zu werden, dementsprechend aufwändig gestaltet sich dann deren individuelle Betreuung durch die NRO.

Eine junge alternative Finanzierungsform ist das *Crowdfunding* oder *Crowdinvesting*: Es ermöglicht Unternehmen, NRO und anderen Organisationen durch Internetplattformen Geld für Projekte zu sammeln. Darüber, wie hoch das Potenzial für *Crowdfunding* in der EZA ist, scheiden sich die Geister.

Crowdfunding kann Innovationen durch die Bereitstellung von Risikokapitel ermöglichen. Allerdings bedarf es stabiler rechtlicher Rahmenbedingungen, damit Investoren Vertrauen in diese neue Veranlagung- und Finanzierungsform aufbauen können. Generell bleibt festzuhalten, dass das Instrument noch in den Kinderschuhen steckt. So gab es 2012 in den USA rund 300 *Crowdfunding*-Plattformen, in Indien erst 10 und in Südafrika nur 4.

Neben dem *Crowdfunding* ist ein weiteres Finanzierungsinstrument seit der Finanzkrise in aller Munde: *Social Impact Bonds* (SIB). Ein *Social Impact Bond* ist ein Kapitalmarktinstrument, das ganz einfach funktioniert und auch in der EZA zunehmend Anwendung finden soll:

1. Eine Institution, meist eine staatliche, möchte ein definiertes Entwicklungsziel erreichen – beispielsweise die bessere Reintegration von Haftentlassenen. Dabei wird ein Erfolgsindikator festgelegt, in unserem Fall dass 85 % der Haftentlassenen innerhalb eines Jahres nicht mehr rückfällig werden.
2. Eine NRO verpflichtet sich vertraglich, diesen Indikator zu erreichen, und finanziert das Projekt aus eigenen Mitteln vor.
3. Die beauftragende Institution (in unserem Beispiel das Justizministerium) zahlt der NRO nach der Erreichung des Ziels die volle Fördersumme aus.

SIB sind ein junges Instrument und stecken ebenfalls noch in den Kinderschuhen. Sie sind umstritten, denn viele können sich eine Kapitalisierung des sozialen Fortschritts nicht vorstellen. Aber SIB erfreuen sich bei öffentlichen Fördergebern steigender Beliebtheit – man zahlt ja nur bei Erfolg.

SIB sind jedenfalls nur für die Bereiche der EZA interessant, wo man Erfolg klar messen kann – wie beispielsweise beim Bau von Wasserpumpen, Schulen oder Krankenhäusern und dort, wo die Organisation Mittel und Wege findet, das Projekt vorzufinanzieren.

Wenn man von der EZA spricht, geht man gemeinhin von einer Finanzierung aus dem Ausland aus. Das muss aber nicht sein. In den Schwellenländern und vielen aufstrebenden Entwicklungsändern übersteigt das nationale Steuereinkommen die vom Ausland eintreffenden EZA-Gelder um ein Vielfaches. NRO, Ministerien, Beratungsfirmen und andere Akteure beginnen zu erkennen, dass Entwicklungsprojekte zunehmend aus nationalen Budgets finanziert werden. Das Land wird unabhängiger von externer Hilfe und kann seine Zukunft selbst in die Hand nehmen. Viele berichten, dass eigenfinanzierte Entwicklungsprogramme meist besser in der Kultur verankert und den Landesumständen angepasst sind.

Wenn Akteure der EZA in solchen Ländern weiter einen Beitrag zur Entwicklung leisten wollen, werden sie in Zukunft zunehmend im Auftrag lokaler Regierungen tätig werden müssen.

Stiftungen und Corporate Social Responsibility (CSR)

Gemeinnützige Stiftungen, die einen Teil ihrer Erlöse Projekten in Entwicklungsländern zukommen lassen, sind relativ neu am Geberbazar. Ebenso wie internationale Firmen, die ihren Kunden zeigen wollen, dass es ihnen nicht nur um den Gewinn, sondern auch um gesellschaftliche Verantwortung in den Ländern, in denen sie günstig ihre Waren produzieren, geht. Diese Unternehmensstrategie wird als *Corporate Social Responsibility* bezeichnet. So unterstützt ein Glücksspielkonzern die Arbeit in Kinderdörfern, ein Erdölkonzern die Ausstattung von Spitälern in Libyen, und ein Papierhersteller sponsert alle Drucksorten einer großen Nichtregierungsorganisation.

Während die öffentlichen Mittel in Österreich stetig schrumpfen und die Spenden stagnieren, sind die Zuwendungen von Stiftungen und Unternehmen in den letzten Jahren kontinuierlich gestiegen. In der Schweiz und in Deutschland gibt es eine ausgeprägte gemeinnützige Stiftungskultur. In Österreich wiederum fehlte bislang eine Gesetzgebung für gemeinnützige Stiftungen, daher dient das immense Stiftungsvermögen von 80 bis 100 Milliarden Euro in erster Linie der steuerschonenden Absicherung der ca. 3.400 Stifter und deren Familien (Fundraising Verband Austria, 2014). In Deutschland verfolgen – auch aufgrund eines gemeinnützigen Stiftungsrechts – 95 % der Stiftungen einen gemeinnützigen Zweck, in Österreich sind es gerade einmal 6 %.

Im Dezember 2015 war es dann auch in Österreich soweit, und ein gemeinnütziges Stiftungsrecht wurde beschlossen. Kritisch könnte man anmerken, dass die steuerliche Absetzbarkeit von Spenden oder ein gemeinnütziges Stiftungerecht, das an Steuererleichterungen gekoppelt ist, dazu führen, dass sich die öffentliche Hand zunehmend aus der Finanzierung zurückzieht und Förderbereiche, wie eben auch die EZA, damit schleichend privatisiert.

Geld kann auch stinken, und Nichtregierungsorganisationen müssen sich gut überlegen, welche Zuwendungen sie annehmen und welche sie ablehnen. Die seriösen NRO haben eine interne Stiftungspolitik und würden beispielsweise Zuwendungen eines Waffenkonzerns mit Sicherheit zurückweisen. Dennoch gibt es manchmal seltsame Symbiosen, die zu hinterfragen sind. Im Jahresbericht legen die Hilfswerke ihre Großspender normalerweise offen, so dass sich jeder Spender sein eigenes Bild zur Stiftungsstrategie »seiner« Organisation machen kann.

Eine außergewöhnliche Stiftung ist die *Bill & Melinda Gates Foundation*, die sich in der globalen Bekämpfung von Malaria und Tuberkulose einen Namen gemacht hat. Bill Gates agiert auch öffentlichkeitswirksam als Fürsprecher für Entwicklungszusammenarbeit und informiert in seinem jährlich erscheinenden Brief über konkrete Fortschritte in der Armutsbekämpfung (Kimberley, 2014). Seine Stiftung ist mittlerweile zum wichtigsten Geber der Weltgesundheitsorganisation avanciert und lässt sogar die Geberländer hinter sich. Kritiker sehen in seinem Engagement eine gefährliche Entwicklung: Die Geberstaaten nehmen sich zunehmend aus der Verantwortung und überlassen die

Entwicklungszusammenarbeit Unternehmen und Philanthropen, die nur sich selbst Rechenschaft schuldig sind und ihre Zuwendungen an Bedingungen knüpfen können, die sie selbst definieren. Die Frage nach der Legitimität solcher Hilfe stellt sich aber nicht nur bei Milliardären und Stiftungen, sondern auch bei Einzelkämpfern, die ihre Privatprojekte betreiben.

Einzelkämpfer und Sonntagsfahrer

Johann E., pensionierter Postbeamter aus St. Pölten, reist nach Äthiopien und ist von der Landschaft, der Kultur und der Lebensfreude der Menschen überwältigt. In einem Straßencafé wird er von jungen Burschen angesprochen, die sich als Studenten der hiesigen Universität zu erkennen geben. Sie schildern ihm, wie schwierig es für sie und ihre Familien ist, das Studium zu finanzieren. Tags darauf laden sie Herrn E. ein, ihr Dorf zu besuchen. Johann E. ist ergriffen von der unvorstellbaren Armut. Doch ihn beeindrucken die Lebensfreude und das Engagement der Einheimischen. Sie planen die Schule zu renovieren und einen neuen Brunnen zu graben, nur fehlt das Geld dafür. Herr E. ist sofort bereit, eine Patenschaft für mehrere Schulkinder zu übernehmen und den Studenten monatlich 150 Euro zu überweisen. Zurück in Österreich will er mit Bekannten Geld sammeln, um die Schule zu renovieren und den Brunnen graben zu können. In einem Jahr will er mit dem Geld zurück sein und selbst Hand anlegen.

Solche Akteure sind weit verbreitet und werden als »entwicklungspolitische Sonntagsfahrer« bezeichnet. Mit sehr viel Selbstlosigkeit und gutem Willen einerseits, der oftmals auch einen gehörigen Schuss Naivität bezüglich der Mechanismen der Zusammenarbeit in sich trägt, nehmen sie freudig diese Aufgabe an und entwickeln ungeahnte Energien. Die Empfänger andererseits wissen diese Energie durchaus zu nutzen: Manche äthiopische Familien leben nicht schlecht von den regelmäßigen Zuwendungen des Patenonkels oder der Patentante aus Europa. Trotz dieser Symbiose enden viele Initiativen, besonders wenn es sich um Bauprojekte handelt, mit einer großen Enttäuschung. Manche selbsternannten Helfer wenden sich dann in ihrer Verzweiflung an etablierte Hilfsorganisationen, damit diese für sie die Kohlen aus dem Feuer holen, was aber nur in den seltensten Fällen gelingt.

Engagement ist wichtig, besonders in der Entwicklungszusammenarbeit. Aber Engagement allein ist zu wenig und führt leider oft geradewegs in die Enttäuschung. Ohne Professionalität lässt sich wenig bewirken, denn woher sollte der österreichische Pensionist Johann E. auch wissen, wie Schulen in Äthiopien gebaut werden, wer das Grundstück bereitstellt, die Bewilligungen erteilt, die Lehrergehälter zahlt und den laufenden Betrieb finanziert?

Die Empfänger – »one man-shows«, Ministerien, Missionare und die Zivilgesellschaft

In der Kolonialzeit waren es Missionare aus Europa, die Schulen und Krankenhäuser betrieben. So wurde der junge Rolihlahla an einer Missionsschule der Methodisten in der Transkei ausgebildet, bevor er als Nelson Mandela in die jüngere Geschichte einging. Doch wer setzt heute die Projekte um?

In den seltensten Fällen Missionare oder Experten aus dem Ausland, sondern einheimische Fachkräfte, die für lokal ansässige Organisationen und Behörden tätig sind und damit als Partner für die Geber fungieren. Ähnlich wie bei den Gebern ist es ein bunter Flickenteppich an zivilgesellschaftlichen Organisationen, charismatischen Gründerpersönlichkeiten, öffentlichen Einrichtungen und zuweilen auch Glücksrittern, die den Markt bevölkern.

Mit wem lassen sich Projekte professionell umsetzen?

Die Partnersuche kann sich langwierig gestalten. Manchmal findet sich keine Organisation, die die Fähigkeiten hat, Projekte umzusetzen, die zum Beispiel in einer Krisensituation dringend nötig sind. In diesem Fall werden Geberorganisationen ihre Fachleute mitnehmen und zumindest vorübergehend eigene Strukturen aufbauen. *Ärzte ohne Grenzen* und andere Nothilfeorganisationen machen das im Katastrophenfall so.

Aber üblicherweise finden Projekte unter Normalbedingungen statt, haben eine mehrjährige Laufzeit und lassen sich mit der nötigen Erfahrung und Professionalität gut planen. Die Partnerwahl hängt stark von der Geberorganisation und dem Projekttypus ab. Hilfswerke arbeiten meist mit lokalen NRO oder Kirchen zusammen, hin und wieder aber auch mit staatlichen Stellen, während staatliche Geber fast ausschließlich mit Behörden kooperieren.

Behörden sind keine einfachen Partner, als bürokratische Institutionen funktionieren sie schwerfällig, Geduld und Fingerspitzengefühl sind dabei gefragt. Andererseits sind sie der Schlüssel zu Nachhaltigkeit und Kontinuität. Aus diesem Grund reduzieren Geber bei Projekten im Bildungs- und Gesundheitsbereich meistens schrittweise ihre jährlichen Zuwendungen, bis die Schulen und Krankenhäuser nach einigen Jahren komplett dem Staat überantwortet werden können. Oft geht dieser Prozess sehr zögerlich vor sich und stößt auf viele Widerstände, besonders bei den lokalen Mitarbeitern. Das ist nicht verwunderlich, ist es doch weitaus angenehmer und lukrativer, die Gehälter und laufenden Kosten verlässlich von einem ausländischen Geber zu beziehen, der sich kaum in Interna einmischt, nebenbei die eine oder andere Weiterbildung im Norden finanziert und in harten Devisen überweist. Hingegen gilt der Staat als schlechter Arbeitgeber, der bescheidene Gehälter zahlt, Personalentscheidungen politisch fällt und schwerfällig agiert. Dennoch, es gilt, keine permanenten Parallelstrukturen zur staatlichen Grundversorgung aufzubauen, auch wenn das bedeuten kann, dass die ehemals von einem Verein oder einer Diözese geführte Klinik in den ersten Jahren unter öffentlicher Verwaltung deutlich weniger Operationen durchführt als zuvor.

Ganz anders stellt sich die Zusammenarbeit mit lokalen NRO dar. In Entwicklungsländern sind privater Konsum und Investitionen aufgrund von Kapitalmangel meist sehr gering, daher ist eine Karriere als erfolgreicher Geschäftsmann eher unwahrscheinlich. Der öffentliche Sektor bietet zwar Sicherheit, aber eine bescheidene Bezahlung und hohes Frustrationspotential. Wenig überraschend strömt die lokale Elite entweder ins Ausland oder verdingt sich bei NRO. Während Mitarbeiter von NRO im Norden durch die Bank zu den Geringverdienenden gehören, verhält es sich in den Empfängerländern genau umgekehrt. Die internationalen NRO stehen gemeinsam mit den wenigen großen Unternehmen an der Spitze der Gehalts- und Begehrlichkeitspyramide, dann folgen lokale NRO und freie Konsulententätigkeiten. So darf es nicht verwundern, wenn die Gründung einer lokalen NRO auch als Geschäftsidee verstanden werden kann. Dagegen ist nichts zu sagen, wenn die lokale NRO transparent strukturiert ist und umsetzungsorientiert arbeitet. Wenn sie jedoch als Melkkuh für einen Selbstdarsteller und dessen erweiterte Familie dient, muss die Reißleine gezogen werden.

Um zu verhindern, dass es soweit kommt, gibt es ein paar einfache Grundregeln, ähnlich wie bei der Überprüfung von Spenderorganisationen im Norden: Der lokale Projektpartner muss eine klare Organisationsstruktur besitzen, also eine Mitgliederversammlung, ein kompetentes Team einschließlich eines Geschäftsführers für das Tagesgeschäft und eines unabhängigen Vorstands, dessen Mitglieder keinen direkten Nutzen aus ihrer ehrenamtlichen Tätigkeit ziehen dürfen. Naives Nachfragen zu möglichen Verwandtschaftsverhältnissen ist dabei hilfreich. Die NRO sollte Jahresabschlüsse vorlegen können, eine klare

Ablagestruktur, ein eigenes Bankkonto mit zwei Zeichnungsberechtigten und eine *track record* haben – also einen Leistungsnachweis über durchgeführte Projekte. Ein Rundruf bei früheren und aktuellen Fördergebern rundet das Bild ab. Diese Recherchen machen sich immer bezahlt.

Die Berater –
Konsulenten, Buchprüfer und Trainer

Der polyglotte Konsulent

Heute Eschborn, morgen Ouagadougou und nächste Woche London. So kann der Terminplan der Elite unter den Konsulenten aussehen. Sie reisen von einem Workshop zum nächsten, moderieren Tagungen, entwerfen Organisationsentwicklungsprozesse und verfassen ellenlange Evaluierungsberichte. Und das für gutes Geld. Durchaus zu Recht, denn der Job verlangt eine fundierte Ausbildung, Sprachkenntnisse, interkulturelle Kompetenz und viel Reisetätigkeit.

Je arbeitsteiliger und professioneller die Entwicklungszusammenarbeit, desto höher die Nachfrage nach freiberuflichen Konsulenten. Insgesamt dürfte es global weit über 10.000 geben, die im Entwicklungsland selbst oder vom Norden aus tätig sind. Ähnlich wie in der Privatwirtschaft bedienen sich die Geberorganisationen gerne externer Berater, auf deren unabhängiges und professionelles Urteil man sich beziehen kann, wenn große und oft unangenehme Entscheidungen anstehen.

Viele Geber bestehen auch auf die Einbeziehung von externen Experten, besonders wenn Projektevaluierungen auf dem Programm stehen, mit denen der Projekterfolg bestimmt werden soll. Das Ergebnis der Evaluierung entscheidet dann meist über den Fortbestand des Projekts und eine mögliche Folgephase.

Bei Evaluierungen werden Effizienz und Effektivität der Projektumsetzung geprüft. Die Effizienz stellt die Frage nach der sparsamen Verwendung der Fördermittel, schlanken Strukturen und kurzen Entscheidungswegen. Weitaus relevanter ist jedoch die Effektivität. Hier geht der Konsulent der Frage nach, ob das Projektteam die richtigen Maßnahmen setzt, um das Ziel zu erreichen. Neben Effizienz und Effektivität geht es aber auch um das Ausmaß an Partizipation, die Relevanz des Projektziels, die Nachhaltigkeit und um eine zentrale Frage, die in den letzten Jahren die Debatte dominiert hat: die Frage nach der Wirkung. Diese ist am schwierigsten zu beantworten.

Im Zuge der Debatte, was denn die Entwicklungshilfe der letzten 50 Jahre bewirkt hat, stellte man fest, dass sich die beabsichtigte positive Veränderung oft schwer benennen und messen lässt. Man kann zwar leicht feststellen, wie viele Brunnen gegraben, Schulen gebaut und Krankenschwestern ausgebildet wurden, aber was die einzelnen Investitionen für die jeweilige gesellschaftliche Entwicklung bewirkt haben, ist oft schwer zu überprüfen.

Um die Entwicklungszusammenarbeit besser legitimieren zu können, wird seit ein paar Jahren ihre positive Wirkung ins Zentrum der Überlegungen gerückt. Das ist in der Praxis keine einfache Übung, denn die positive Veränderung, die von einem Projekt ausgeht, lässt sich oft erst Jahre nach dem Projektende feststellen. Ein weiteres Problem ist die sogenannte Zuordnungslücke. Denn wie kann man sicher sein, dass die positive Veränderung eindeutig auf ein Projekt zurückzuführen ist? Vielleicht spielten ja ganz andere Einflussfaktoren eine Rolle?

Diese Diskussion hat durch die bahnbrechenden Arbeiten von Esther Duflo (2013) an Dynamik gewonnen. Die junge französische Wissenschaftlerin, die schon für den Nobelpreis gehandelt wird, arbeitet am *Massachusetts Institute of Technology* und gilt als Pionierin der Wirkungsforschung. Dabei bedient sie sich jener Verfahren, die Pharmafirmen anwenden, wenn sie die Wirkung eines neuen Medikaments testen. So teilte sie in Kenia 30.000 Schüler per Zufallsgenerator in drei Gruppen, um herauszufinden, welche Fördermaßnahme den Schulbesuch am wirkungsvollsten steigert: kostenlose Schulmahlzeiten, Zahlungen an die Eltern oder Medikamente gegen Wurmbefall. Zur allgemeinen Überraschung war es letzteres. Damit wurde auch erstmals offensichtlich, dass viele Kinder wegen dauerhaften Parasitenbefalls den meist beschwerlichen Schulweg nicht in Angriff nehmen.

Wurmbefall wurde nie groß thematisiert und von den Eltern und Kindern wohl als alltäglich hingenommen. Erst durch diese Großstudie wurde er als relevantes Problem ausgemacht, welches sich mit recht einfachen und preisgünstigen Maßnahmen wirkungsvoll lösen lässt.

Studien von Duflo zur Wirksamkeit von Mikrokrediten kommen zum Ergebnis, dass das Geld selten in Geschäftsideen, sondern viel häufiger in die Anschaffung von Konsumgütern wie Fernseherapparaten oder zur Begleichung von Spielschulden gesteckt wird. In der Vergleichsstudie lässt sich jedenfalls nicht ablesen, dass Empfänger von Mikrokrediten gesünder und gebildeter sind als diejenigen, die keine Kredite erhielten.

Die Crux an Duflos Zugang: Wirkungsmessung per Zufallsstudie ist teuer, zeitintensiv, und daher nur in sehr großen Programmen, wie etwa der Weltbank oder der EU, leistbar. Auch funktioniert die Übertragbarkeit von Erkenntnissen von einem Land aufs andere nicht. Nichtsdestotrotz, Esther Duflos kompromissloses Hinterfragen von etablierten und bequemen Glaubensgrundsätzen hat sehr viel Gutes bewirkt. Seither wird beharrlicher die Frage nach der Kosten-Nutzen-Effizienz von Projekten gestellt und thematisiert, ob der Projektansatz und die geförderten Maßnahmen auch am geeignetsten sind, ein Problem zu lösen.

In Projektanträgen ist heute nicht mehr die erschöpfende Beschreibung der Aktivitäten gefragt, sondern eine konkrete Benennung, was erreicht und verändert werden soll und wie es gemessen werden kann. Umso unverständlicher ist es, dass in der Praxis Evaluierungen von einigen noch immer als reine Pflichtübungen missverstanden werden, die selten zu Konsequenzen führen. Projektabbrüche kommen selten vor, meist nur, wenn es zu groben Verfehlungen im Finanzgebaren gekommen ist, die dann von externen Buchprüfern verifiziert werden.

Wichtige Mitspieler – Buchprüfer

Buchprüfer werden als externe Wirtschaftsprüfer routinemäßig bei größeren Projekten unter Vertrag genommen und kontrollieren die Jahres- und Projektabschlüsse. Meist sind es lokale Ableger renommierter internationaler Kanzleien wie Price Waterhouse Cooper oder Deloitte, die herangezogen werden. In vielen Entwicklungsländern sind daher Prüfberichte für Entwicklungsprojekte ein lukratives und stabiles Geschäftsfeld.

Das Pflichtenheft der Prüfer wird vom Geber erstellt und orientiert sich an den Standards im Land. Belege werden stichprobenartig kontrolliert und die Befolgung der Beschaffungsrichtlinien, die Finanzgebarung, die Kontoauszüge, die Zeichnungsberechtigungen und die Einhaltung des Vier-Augen-Prinzips überprüft. Die Erkenntnisse werden in einem Bericht zusammengefasst, mit Empfehlungen versehen und gemeinsam mit dem berichtigten Jahresabschluss an den Auftraggeber übermittelt.

Gute Buchprüfer leisten aber weit mehr. Sie fahren in entlegene Projektgebiete und machen sich ein Bild von den Bauten und Anschaffungen, gleichen die Inventarliste mit dem Bestand ab, kontrollieren die Fahrtenbücher und fordern gegebenenfalls Vorstandsprotokolle an. Sie agieren professionell und sind nur ihrem Berufsstand verpflichtet. Die Auswahl des Buchprüfers ist daher mit Bedacht vorzunehmen, er darf keinesfalls in einem Naheverhältnis zum Projektpartner stehen. Darüber hinaus sollte der Buchprüfer alle vier bis fünf Jahre gewechselt werden, um keine Routine und Betriebsbildheit zwischen Prüfer und Projektpartner aufkommenzulassen.

Die Kosten für ein Projektprüfung liegen in den meisten Länder je nach Projektvolumen zwischen 1.000 bis 5.000 Euro und sind gut investiert. Außer bei »kleinen« Projekten unter 20.000 Euro im Jahr, dort wäre es angesichts der genannten Honorare unverhältnismäßig, einen Buchprüfer zu beauftragen.

Trainer für alles und jedes

Wählen Sie nach dem Zufallsprinzip Entwicklungsprojekte aus und sehen Sie sich die geplanten Aktivitäten an. Sehr wahrscheinlich entfällt mindestens ein Drittel davon auf *trainings*, also Weiterbildungen. Diese können einfach gestrickt und niedrigschwellig sein – wie die Ausbildung einzelner Kleinbauern in organischer Landwirtschaft – oder komplex wie die Unterweisung lokaler Projektmitarbeiter in der Methode des *Project Cycle Management* oder im gendergerechten Budgetieren. Dafür braucht es oft eine Expertise, die es lokal nicht gibt, und dann kommen externe Trainer zum Zug, die eingeflogen werden müssen. In der Zwischenzeit setzt sich zunehmend die Erkenntnis durch, dass es mit einzelnen Weiterbildungen nicht getan ist, denn nicht das durchgeführte Training macht den Projekterfolg aus, sondern die zeitnahe und praktische Umsetzung des Gelernten.

Gleiches gilt für großangelegte Evaluierungen und begleitende Studien, die oft wenig beachtet in Schubladen landen. Hier ist jedes Mal zu hinterfragen, welchen praktischen Nutzen diese kostspieligen Maßnahmen haben. Ziel ist jedenfalls, im Bedarfsfall einen Konsulenten und Trainer aus dem Land selbst oder mindestens aus der Region zu beschäftigen. Das gelingt glücklicherweise immer besser, da das Bildungsniveau in Entwicklungsländern stetig steigt.

Experten, Freiwillige und »Entwicklungshelfer«

Entwicklungszusammenarbeit bedeutet in der Praxis, dass entweder Geld für bestimmte Vorhaben wird, oder aber eine Expertise in Form von Beratung, Aus- und Fortbildung zur Verfügung gestellt. Das heißt, Personen werden für eine bestimmte Zeit im Rahmen eines Projekts entsandt, um Menschen oder Organisationen direkt durch Rat und Tat zu unterstützen.

Wie so oft in der Entwicklungszusammenarbeit wird gerne alles in einen Topf geworfen, was sich an sogenannten »Expertinnen« im globalen Süden tummelt. Beispielsweise die junge Wienerin Sissi Navratil, die nach ihrer Matura ein freiwilliges soziales Jahr leisten will und sich in einem Projekt einer kleinen gemeinnützigen Organisation in Ecuador engagieren möchte. Da gibt es aber auch den promovierten deutschen Volkswirt Volker Schmidt, der drei Fremdsprachen fließend spricht. Herr Schmidt verfügt über insgesamt 15 Jahre Arbeitserfahrung in leitender Position in vier verschiedenen Ländern und koordiniert momentan im Auftrag der *Deutschen Gesellschaft für Internationale Zusammenarbeit* (GIZ) ein großes Projekt zum Aufbau einer Handelskammer in der Mongolei. Und da gibt es auch Franz Raffeiner, studierter Betriebswirt, der sich, nach einigen Jahren in einem Vorarlberger Unternehmen, als Organisationsberater selbständig gemacht hat und aktuell über *HORIZONT3000*, eine österreichische NRO, eine ugandische Organisation beim Aufbau einer neuen Führungsstruktur berät.

Wenn man nun genau hinschaut, wer die genannten Personen sind, welche Tätigkeiten sie während ihrer sogenannten »Entwicklungseinsätze« ausüben, welche Qualifikationen sie bei ihrer Bewerbung vorweisen mussten, und, nicht zuletzt, was sie dabei verdienen, so liegen Welten zwischen Sissi, Volker und Franz. Leider wird in vielen Publikationen und Diskussionen kein Unterschied gemacht zwischen Volontariaten (Freiwilligeneinsätzen), echten Expertinnen, die hochwertiges Fachwissen zur Verfügung stellen, und den Personaleinsätzen gemäß Entwicklungshelfergesetz, die professionelle Qualifikation mit persönlichem Engagement kombinieren.

Bei Volontariaten, wie dem von Sissi, steht die Lernerfahrung der meist jungen Menschen im Vordergrund, die für einige Monate in einem Land des globalen Südens leben und mitarbeiten. Organisationen, die solche Lernreisen anbieten – oft in Kombination mit einem freiwilligen sozialen Jahr oder einem Zivildienst – verlangen zwar persönliches Interesse an interkultureller Begegnung, können aber keine großen fachlichen Qualifikationen voraussetzen, denn für diese Einsätze gibt es normalerweise keine Entlohnung. Zuweilen werden Reisekosten oder Versicherungen erstattet, manchmal gibt es freie Kost und Logis oder auch mal ein Taschengeld. Meistens zahlen die Freiwilligen aber ihre Reisen selbst. Und die überwiegende Mehrzahl der Freiwilligen, die so eine Erfahrung gemacht haben, bezeichnen sie im Nachhinein als großartige und wichtige Horizonterweiterung, die nicht selten den weiteren Lebensweg entscheidend geprägt hat.

Es gibt aber seit ein paar Jahren eine fragwürdige Form des Volontariats, die man als »Volontourismus« bezeichnet. Dabei kombinieren Touristen ihren Urlaub in einem Entwicklungsland mit einer freiwilligen Tätigkeit in einem vermeintlich gemeinnützigen Projekt. Für die Vermittlung an ein Projekt muss ein Honorar bezahlt werden, darüber hinaus wird eine Spende erwartet. Volontourismus ist mittlerweile ein etablierter Geschäftszweig. Besonders beliebt sind Aufenthalte in Waisenhäusern in Ghana. Der Österreicher Daniel Rössler hat sich in seinem bemerkenswerten Buch *Das Gegenteil von Gut* (2015) mit diesem Phänomen auseinandergesetzt.

Volker Schmidt dagegen ist das, was man innerhalb der Branche mit Fug und Recht als Experten bezeichnet: Diese Leute verfügen nicht nur über ausgezeichnete Fachkenntnisse in einem gesuchten Beruf, sondern müssen auch das Land, in das sie entsandt werden, sehr gut kennen, die Arbeitssprache fließend beherrschen und unter oft schwierigen Bedingungen anspruchsvolle Aufgaben erfüllen. Sehr oft geht es dabei um die Begutachtung von Projekten, um die Moderation von Workshops, Tagungen und Konferenzen, Fortbildungen in sehr speziellen Bereichen, etwa über bestimmte Buchhaltungsmodalitäten, neuartige Software, Strategieplanung oder Projektzyklusmanagement. Beraterinnen, die auf Honorarbasis beauftragt werden, haben Tagessätze, die bei ca. 400 Euro beginnen und bei großen Projekten der Weltbank bis 1.500 Euro gehen können, bei sehr anspruchsvollen Aufgaben auch darüber hinaus. Wenn Experten längerfristig beauftragt werden, bewegen sich ihre monatlichen Bruttogehälter zwischen 5.000 und 20.000 Euro.

Oft werden diese Tagessätze und Gehälter als unangemessen hoch empfunden, und nicht wenige Publikationen bezeichnen die Experten in der Entwicklungszusammenarbeit als die buchstäblichen Maden im Speck, die sich am Geschäft mit der Armut vermeintlich dumm und dämlich verdienen. Doch sollte man sich überlegen, was eine mittelgroße Gemeinde im Bodenseegebiet für Tagessätze zahlt, wenn sie ein Gutachten für eine neue Mülldeponie braucht. Oder welches Gehalt Siemens der leitenden Angestellten zahlen muss, die den neuen Produktionsstandort in Malaysia organisieren, dabei Verhandlungen mit den dortigen Behörden führen und ein lokales Management einweisen soll. Hochwertige Expertise? Große Flexibilität und Belastbarkeit? Genau das ist es, was Schlüsselfunktionen bei größeren Projekten und Programmen der Entwicklungszusammenarbeit erfordern. Den Organisationen im globalen Süden ist nicht damit geholfen, wenn anspruchsvolle Positionen mit Praktikanten oder Aussteigern besetzt werden, die den Job für ein Butterbrot machen und von denen man daher nicht allzu viel verlangen kann.

Das, was sich früher einmal »Entwicklungshelfer/in« genannt hat und heute in der Entwicklungszusammenarbeit als »Fachkraft« oder »Projektmitarbeiter/in«[3] bezeichnet wird, steht in vielerlei Hinsicht zwischen den beiden erstgenannten Typen. Die Entsendung von Projektmitarbeiterinnen ist in einigen Ländern sogar per Gesetz geregelt, beispielsweise in Deutschland seit 1974 und in Österreich seit 1983. Hierbei werden Fachkräfte mit Ausbildung und Erfahrung in Berufen, die in vielen Ländern des globalen Südens nicht oder nur sehr schwer verfügbar sind, für eine befristete Zeit entsandt. Die Vertragsdauer beträgt bei den meisten Entsendeorganisationen zunächst zwei Jahre und kann in der Regel ein- bis zweimal verlängert werden. In den 1960er und 1970er Jahren waren es Handwerker, Krankenschwestern und Lehrkräfte, die als Entwicklungshelferinnen nach Afrika, Lateinamerika, Asien und Ozeanien eingesetzt wurden. Als etwas später die duale Berufsausbildung zum Exportschlager für Entwicklungsprojekte wurde, waren Berufsschullehrer sehr gefragt.

Inzwischen ist nicht nur die Bezeichnung »Entwicklungshelfer« nicht mehr üblich, es haben sich auch einige Rahmenbedingungen und damit auch die Anforderungen an die entsandten Fachkräfte verändert. Mittlerweile sind Handwerker, medizinische Fachkräfte und Lehrerinnen oftmals ausreichend in den Ländern verfügbar. Wo früher eine Krankenschwester oder ein Agronom nach Uganda entsandt wurde, wird heute eher ein Finanzierungszuschuss an die entsprechende lokale Partnerorganisation vergeben, damit diese auf dem lokalen Arbeitsmarkt das entsprechende Personal rekrutieren kann.

IT-Berufe, Organisationsentwickler, Betriebswirtinnen, Juristen, Sozialpädagoginnen, Kulturtechnikerinnen und Psychologinnen sind

---

[3] Auf Spanisch und Portugiesisch wird der Projektmitarbeiter *cooperante* und auf Englisch *technical advisor* oder *development worker* genannt.

dagegen in den letzten Jahren in der Rangliste der begehrtesten Berufsbilder nach oben gerückt. Nicht selten verfügen die Kandidatinnen über mehrere Berufsausbildungen. Wenig überraschend ist daher, dass das Durchschnittsalter der Ausreisenden von Ende 20 in den 1970er Jahren auf mittlerweile Ende 30 gestiegen ist.

Entsendeorganisationen, die diese Art des Personaleinsatzes durchführen, sind beispielsweise die *Arbeitsgemeinschaft für Entwicklungshilfe* (AGEH) oder *Dienste in Übersee* in Deutschland, *Interteam* in der Schweiz sowie *HORIZONT3000* in Österreich. Sie verlangen von Bewerberinnen einerseits mehrjährige Erfahrung im gesuchten Beruf, aber auch sehr gute Sozialkompetenz und die Bereitschaft, sich in ein fremdes Arbeitsumfeld und in eine andere Kultur zu integrieren. Als Gegenleistung wird, neben einer einmaligen Lebenserfahrung, die den persönlichen Horizont maßgeblich erweitert, ein moderates Gehalt mit Zuschüssen zu den Mietkosten und dem Unterhalt für Familienmitglieder geboten. Die Leistungspakete der einzelnen Entsendeorganisationen bewegen sich dabei in vergleichbaren Größenordnungen. Die Zuschüsse für Miete, Schulgeld und Unterhalt bei deutschen, schweizerischen und österreichischen Organisationen richten sich nach einem errechneten Warenkorb, um zu gewährleisten, dass entsandte Mitarbeiter keine allzu großen Vor- oder Nachteile aus dem Wechselkurs der jeweiligen Landeswährung haben. So verfügt beispielsweise ein Projektmitarbeiter, der im Auftrag von *HORIZONT3000* mit Frau und zwei schulpflichtigen Kindern in Tansania eingesetzt ist, mit seiner Familie über eine monatliche Kaufkraft von ca. 2.300 Euro. Das ermöglicht ein gutes Auskommen im Einsatzland – reich wird man damit allerdings nicht.

Solch eine befristete Projektmitarbeit wird von den entsandten Personen fast immer als großartige Erfahrung wahrgenommen, und die erworbenen Kenntnisse und Fertigkeiten zum Leben und Arbeiten in einem fremden Umfeld wirken sich meist förderlich auf die spätere berufliche Karriere aus. Einige Projektmitarbeiterinnen schlagen nach dem Ende eines mehrjährigen erfolgreichen Einsatzes eine Expertenlaufbahn ein. Doch auch wer hinterher wieder in seinen angestammten Beruf zurückkehrt, profitiert in der Regel von den Erfahrungen. Fast alle Rückkehrerinnen entwickeln eine besondere Zuneigung zu »ihrem« Einsatzland, mit dem sie sich meist ein Stück weit identifizieren und in dem sie zu vielen Menschen Freundschaften entwickelt haben.

Genau dies ist auch ein Ziel des Projekteinsatzes – und ein maßgeblicher Unterschied zu den Experteneinsätzen. Selbstverständlich freunden sich auch Expertinnen oft mit lokalen Kolleginnen an und haben eine zweite, dritte und vierte Heimat auf einem anderen Kontinent. Doch bei einem Experteneinsatz kommt es einzig und allein auf die vor Ort zu leistende Arbeit an. Ein Experteneinsatz wird ausgeschrieben, die beste Kandidatin unter den Bewerbungen wird ausgesucht und unter Vertrag genommen. Der Auftragnehmer hat eine bestimmte Zahl an Arbeitstagen zur Verfügung, um die vereinbarte Leistung zu erbringen. Eine große Vorbereitung auf das Einsatzland, wie beispielsweise Sprachkurse etc., ist nicht vorgesehen, denn es wird von den Bewerberinnen erwartet, dass sie bereits alle für den Einsatz notwendigen Kenntnisse und Fertigkeiten mitbringen. Expertinnen sollen hochwertige Arbeit vor Ort leisten und werden gut dafür bezahlt. Ihr Auftrag endet in der Regel mit der Abgabe des Gutachtens oder des Schlussberichts. Für erfolgreiche Expertinnen steht dann in der Regel auch schon der nächste Auftrag an, der sie oft ganz woanders hinführt. Expertinnen werden immer wertvoller, je mehr Projekterfahrung sie ansammeln und je reichhaltiger und vielfältiger ihr Schatz an abgeschlossenen Aufträgen ist.

Ein Einsatz als Projektmitarbeiterin gemäß Entwicklungshelfergesetz – dieses Gesetz heißt sowohl in Österreich als in Deutschland immer noch so – verfolgt eine etwas andere Zielsetzung. Auch Projektmitarbeiterinnen müssen gemäß ihrem Einsatzvertrag bestimmte Beratungs- und Fortbildungsaufgaben leisten. Die Partnerorganisationen vor Ort, die für eine befristete Zeit eine solche Kollegin aus Europa bei sich aufnehmen, erwarten zu Recht eine internationale Fachkraft, die

Qualifikationen mitbringt, die vor Ort nicht so einfach verfügbar sind. Grundsätzlich umfasst die Aufgabenstellung immer den Aufbau lokaler Kapazitäten, sprich die Ausbildung einheimischer Kolleginnen. Diese sollen dann die neuen Strukturen, die während des Einsatzes aufgebaut wurden, weiterführen, wenn die Fachkraft nach ein paar Jahren wieder abreist.

Im Gegensatz zum reinen Experteneinsatz ist die geleistete Aufbauarbeit vor Ort zwar auch wichtig, jedoch nur ein Teil des Aufgabenfeldes. Von einer Projektmitarbeiterin wird, im Gegensatz zu den Experten, ausdrücklich gewünscht, dass sie in ihre Heimatgesellschaft zurückkehrt. Dann beginnt nämlich der Teil der Projektarbeit, der mindestens genauso wichtig ist, wie die geleistete Arbeit vor Ort. Nun kann eine Person, die selbst in Kenia, Mosambik oder Nicaragua gelebt und gearbeitet und die Sorgen und Nöte der dortigen Kolleginnen über mehrere Jahre aus nächster Nähe miterlebt hat, die gemachten Erfahrungen in ihrer Heimat »einspeisen«. Etwa indem sie entschieden widerspricht, wenn im Bekanntenkreis Sätze wie »Die Afrikaner sind halt so arm, weil sie faul und unorganisiert sind...« fallen.

Damit ist die personelle Zusammenarbeit gemäß Entwicklungshelfergesetz auf eine »Brückenbauerfunktion« angelegt. Es soll nicht nur gute Arbeit vor Ort geleistet, sondern es sollen darüber hinaus auch systematisch freundschaftliche Beziehungen zwischen Personen und Organisationen aus dem Süden und aus dem Norden geknüpft werden, als Beitrag zur Überbrückung kultureller und ethnischer Differenzen und zur Völkerverständigung.

Ein zurückgekehrter Projektmitarbeiter soll in Europa daher als Anwalt für die Menschen und Organisationen fungieren, deren Schicksal er aufgrund der mehrjährigen Zusammenarbeit vor Ort verstehen gelernt hat. Sehr viele hochkarätige Expertinnen und Entscheidungsträger in entwicklungspolitischen Organisationen haben den Grundstock ihres Fachwissens über Afrika, Lateinamerika oder Asien durch einen solchen Einsatz gewonnen.

Die Instrumente – Geld, moderne Technik oder Experten? Auf den richtigen Mix kommt es an!

Welche Hilfe wirkt am besten? Soll man Geld überweisen oder doch besser moderne technische Gerätschaften liefern? Aber was nützt das alles, wenn das lokale Wissen fehlt, wie die Maschinen bedient und die Projekte umgesetzt werden sollen? Also doch lieber westliche Expertinnen entsenden?

Wie so oft kommt es auf die richtige Mischung an. Und darauf, nicht starr bei einem bewährten Instrument zu bleiben, sondern mit der Zeit zu gehen. Die Entscheidung, welches Instrument ausgewählt wird, sollte einvernehmlich zwischen Fördergeber und Fördernehmer getroffen werden.

Know-how-Transfer durch westliche Experten und Projektmitarbeiterinnen

Rund ein Viertel der Unterstützung bekommen die Empfänger in Form von gut ausgebildetem Personal aus den Geberstaaten gestellt, die restlichen drei Viertel erhalten sie als Finanztransfers. Das westliche Personal, das im Auftrag der Entwicklungszusammenarbeit tätig ist, muss sehr differenziert und kritisch betrachtet werden (vgl. Experten, Freiwillige und »Entwicklungshelferinnen«, S. 74ff.). Seit einigen Jahren werden aber selbst einschlägig geschulte und erfahrene Entwicklungsexperten zunehmend durch lokale Fachkräfte ersetzt. Diese Tendenz gewinnt, von Schwellenländern ausgehend, an Dynamik. Mittlerweile gibt es gleich und manchmal sogar besser qualifizierte lokale Kader, deren Gehälter und Honorare deutlich niedriger sind als die ihrer westlichen Pendants. Hinzukommt, dass die Empfängerländer eine zunehmend restriktive Politik bei der Vergabe von Arbeitsvisa an

Ausländer verfolgen. So muss in der Regel der Nachweis erbracht werden, dass die Position im Land selbst nicht besetzt werden kann, was in vielen aufstrebenden Ländern kaum mehr gelingt.

Finanztransfers – nur Bares ist Wahres

Geld wird immer gerne angenommen, aber nicht alle Partner sind in der Lage, größere Summen professionell abzuwickeln. Daher gilt es im Vorfeld gemeinsam mit dem Partner zu klären, mit welcher Unterstützung ihm am besten geholfen ist. Bei einer Augenklinik in Äthiopien kann das ein Operationsmikroskop sein, bei der nächsten ein Operationskurs für den lokalen Augenarzt und bei der dritten der Besuch eines deutschen Netzhautchirurgen, der komplizierte Eingriffe durchführt und Personal einschult.

Ein Problem, das in den letzten Jahren zunehmend Beachtung gefunden hat, ist die Fungibilität der Gelder. Hinter diesem Begriff verbirgt sich ein bemerkenswertes Phänomen: Da die Geber Krankenhäuser, Schulen sowie soziale Einrichtungen finanzieren, kann die Empfängerregierung mit ihren geringen, aber doch vorhandenen eigenen Steuereinnahmen Prestigeprojekte beauftragen, die sie sich sonst nicht leisten könnte. Die Anschaffung moderner Waffen, eine Fahrzeugflotte für den Präsidenten oder ein überdimensioniertes Denkmal beispielsweise. Fungibilität ist ein Problem, dem kaum beizukommen ist. Es ist aber auch ein starkes Argument dafür, Zuwendungen vornehmlich Ländern mit guter Regierungsführung zukommen zu lassen.

Moderne Technologie, Geräte und Ausrüstung

Moderne technische Geräte zu liefern, die im Norden dank geschulten Personals, Reparaturwerkstätten und dauerhafter Stromversorgung tadellos funktionieren, sind nur sinnvoll, wenn diese

Voraussetzungen in einem Mindestmaß auch am Einsatzort erfüllt sind. Technische Errungenschaften, die unseren Alltag erleichtern, verleiten uns oft, an einfache Lösungen zu glauben. Umso größer ist die Enttäuschung, wenn teure Geräte mit viel Aufwand ausgeführt werden und im Empfängerland nach kurzer Zeit verstauben, weil es an einfachen Ersatzteilen fehlt oder niemand für ihre Handhabung eingeschult wurde. Moderne Technik macht also nur in Ausnahmefällen Sinn.

Anders sieht es bei innovativer und angepasster Technik aus (vgl. Maßgeschneiderte Innovationen für den Süden, S. 150ff.).

Humanitäre Hilfe – der schnelle Bruder der Entwicklungszusammenarbeit

Selbst die größten Kritiker der EZA wie Dambisa Moyo und William Easterly sind sich einig: Humanitäre Hilfe wird es immer geben müssen. In der Öffentlichkeit wird humanitäre Hilfe und Entwicklungszusammenarbeit oft in einen Topf geworfen, obwohl sie ein sehr unterschiedliches Geschwisterpaar sind. Die Mittel für Nothilfe betragen nur 10 bis 12 % der gesamten Entwicklungsgelder. In der medialen Aufmerksamkeit verhält es sich aber umgekehrt. Wenn eine Katastrophe eintritt, dominiert sie – je nach Ausmaß und Intensität der übermittelten Bilder – die Medien. »Starke« Bilder wie die Verwüstungen durch den Tsunami oder von den Überflutungen in Mosambik, wo Menschen tagelang auf Bäumen ihrer Rettung durch Hubschrauber harren, öffnen das Herz der Spender.

Im Katastrophenfall gilt es für das *Rote Kreuz*, die *Caritas* oder *Ärzte ohne Grenzen* rasch zu handeln und Menschenleben zu retten. Hier geht es um Tage oder, wie im Falle eines Erdbebens, um Stunden. Dass dabei auch Fehler passieren, ist tolerierbar, solange das Gesamtkonzept stimmt. In den 1990er Jahren wurde das *do no harm*-Prinzip entwickelt. Es besagt, dass die Hilfe keinen Schaden anrichten und sich an kulturellen Werten und Gegebenheiten im Katastrophengebiet orientieren soll. Besonders schwierig wird das in Kriegsgebieten, wo der Grat zwischen Vereinnahmung und Abgrenzung schmal ist. Die Hilfsorganisation haben daher eigens formulierte Prinzipien, denen sie im Einsatz folgen.

Neutralität, Unabhängigkeit und Unparteilichkeit stehen beispielsweise beim *Roten Kreuz*, das kein Hilfswerk, sondern eine internationale Organisation mit völkerrechtlichem Mandat ist, an vorderster Stelle. Anders agieren *Ärzte ohne Grenzen*, die auch den Grundsatz der »Zeugenschaft« befolgen. Sie machen Übergriffe in Kriegsgebieten öffentlich, indem sie berichten, was ihre Helfer sehen. Das kann dazu führen, dass Mitarbeiter von *Ärzte ohne Grenzen* ihren Einsatz aus Sicherheitsgründen abbrechen müssen oder aus dem Land geworfen werden.

Humanitäre Hilfe grenzt sich in der Praxis aufgrund ihrer Unmittelbarkeit und Kurzfristigkeit klar von der Entwicklungszusammenarbeit ab. Für eine langfristige Entwicklungszusammenarbeit ist es immens wichtig, dass sich alle beteiligten Gruppen einbringen können und und Verantwortung wahrnehmen. Nichts ist für nachhaltige Entwicklungsprozesse schlimmer als hektische Planungen unter Zeitdruck.

Genau das Gegenteil ist bei der humanitären Hilfe der Fall: Nach einem Erdbeben, einem Tsunami oder Hurrican müssen die ersten Notrationen, Zelte und Trinkwasser binnen 48 Stunden vor Ort sein. Langwierige partizipative Abstimmungen haben bei Katastrophen keinen Platz. Die Entscheidungswege in der humanitären Hilfe sind hierarchisch und schnell.

Bei großen Katastrophen, die die Medienberichterstattung über Tage dominieren und starke Bilder und Emotionen produzieren, kann sich eine wahre Spendenflut über die Hilfsorganisationen ergießen. So geschah es auch in den Tagen nach dem Tsunami 2004. Die Hilfsorganisationen hatten alle Hände voll zu tun, die Spenden unter Zeitdruck sinnvoll auszugeben. Die Folgen waren ein Konkurrenzkampf in Indonesien und Sri Lanka um herzeigbare Projekte, qualifizierte lokale Mitarbeiter und Baumaterial.

Großes Aufsehen erregte damals der Aufruf der Organisation *Ärzte ohne Grenzen* an ihre Unterstützerinnen, keine Spenden mehr für den Tsunami abzugeben, da die innerhalb von zehn Tagen gespendeten 40 Millionen Euro für die Nothilfeprojekte bereits ausreichen würden. Das brachte *Ärzte ohne Grenzen* Sympathie in der Öffentlichkeit und gleichzeitig Kritik von anderen Hilfswerken, die das Verhalten als unsolidarisch anprangerten, ein. Sie argumentierten, dass eine Nothilfeorganisation wie *Ärzte ohne Grenzen* bald wieder abziehe, während die meisten anderen Hilfswerke ihre Projekte zum Wiederaufbau längerfristig anlegten und sehr wohl weiterhin Spenden benötigten.

Heute funktioniert die Abstimmung unter den Organisationen besser, auch wenn besonders zu Beginn einer Katastrophe der Wettlauf um die besten Bilder und Stories groß ist. Wer als erster einen Mitarbeiter vor Ort hat, der den heimischen Medien direkt aus dem Katastrophengebiet berichten kann, hat die mediale Aufmerksamkeit und damit den Hauptstrom des Spendenflusses gewonnen.

Große Organisationen wie das *Rote Kreuz*, *Caritas*, *Ärzte ohne Grenzen* oder *Care* sind in vielen Entwicklungsländern permanent vertreten und verfügen über Nothilfeteams, die innerhalb von 48 Stunden an jedem Ort der Welt voll einsatzfähig sind. Vorsicht ist bei Trittbrettfahrern geboten, die kaum bekannt sind und bei einer Katastrophe plötzlich in Erscheinung treten, Spendenaufrufe in Zeitungen schalten und so etwas vom Spendenkuchen abbekommen wollen. Die niederländische Journalistin Linda Polmann beschreibt in ihrem lesenswerten Buch *Die Mitleidsindustrie* (2010) diese Auswüchse.

Dass die Professionalisierung weitergehen muss, hat das Erdbeben 2010 in Haiti gezeigt. In diesem schwierigen Einsatzland lief die Hilfe zu Beginn sehr holprig an. Die schwache staatliche Verwaltung war nicht in der Lage, Hilfsmaßnahmen zu koordinieren. So kam es zu einem chaotischen Durcheinander: Wenige Wochen nach dem Erdbeben befanden sich bereits über 10.000 NRO-Mitarbeiter im Land, die alle ihre Einzelprojekte verfolgten. Als Positivbeispiel wiederum gilt die Hilfe nach dem Taifun Haiyan, der 2013 Teile der Philippinen verwüstete. Hier gelang innerhalb eines Jahres der Wiederaufbau.

Dabei ist nicht nur die zunehmende Professionalisierung und Kooperation förderlich, sondern auch moderne Technik wie Satellitenkarten, GPS und Kommunikationssysteme, die den Helfern in Echtzeit Flüchtlingsströme und das Ausmaß der Zerstörung anzeigen. Besonders die Verbreitung von Mobiltelefonen hat die Nothilfe revolutioniert Menschen können so vor einer sich anbahnenden Naturkatastrophe gewarnt und über Hilfsmaßnahmen, Verteilungsorte, Auffanglager etc. informiert werden. Der Siegeszug der Smartphones und die fast komplette Netzabdeckung haben aber auch noch andere Vorteile. Verfehlungen können dokumentiert und in Echtzeit an die Zentralen der Hilfswerke oder kritischen Journalisten übermittelt werden. So kann beispielsweise die Bevorzugung eines Dorfes im Südsudan mit Lebensmitteln, während das Nachbardorf hungert, nicht mehr so leicht vertuscht werden.

Das bringt uns zu einem sensiblen Thema. Soll die Nothilfe von Ausländern abgewickelt werden, oder ist es besser – so wie es in der Entwicklungszusammenarbeit mittlerweile Usus ist – lokale Mitarbeiter zu beschäftigen? Auch in dieser Frage ist *Ärzte ohne Grenzen* kompromisslos, und das nicht nur, weil jede Organisation mit den »eigenen Leuten« schneller und effizienter agieren kann, da lokale Leute zumeist erst geschult werden müssen. *Ärtze ohne Grenzen* sind der Meinung, dass nur internationale und damit unabhängige Mitarbeiter sicherstellen können, dass die Neutralität gewahrt und keine Gruppe bevorzugt wird. Sie sind nur ihrer Organisation und dem Projekt verpflichtet, während lokale Mitarbeiter oft in einem Netz von Loyalität und Verwandtschaftsgeflechten gefangen sind und meist keine andere Wahl haben, als sich diesen für Europäer schwer zu durchschauenden Abhängigkeiten zu beugen.

Ein Problem, das seit dem Beginn des sogenannten Kriegs gegen den Terror immer virulenter wird, ist die drohende Vereinnahmung von Hilfsorganisationen durch Kriegsparteien. So meinte der NATO-Generalsekretär Anders Fogh Rasmussen, dass die Hilfsorganisationen als »sanfte Kraft« im Rahmen der Militärstrategie der NATO in Afghanistan agieren sollten. Mit dieser Aussage diskreditierte er die humanitäre Hilfe als Teil der Militärintervention und machte ihre Mitarbeiter zu Angriffszielen der Taliban.

Aufgrund der militärischen Konflikte, die in den letzten Jahren wieder zunehmen, sowie der Naturkatastrophen, die durch den Klimawandel zahlreicher und unberechenbarer werden, wird die humanitäre Hilfe auch in Zukunft mehr denn je gefragt sein. Umso wichtiger wäre es, eine schnelle und gut ausgestattete globale Eingreiftruppe, die unverzüglich im Katastrophenfall tätig werden kann, einzurichten. Es gibt zwar seit 1991 mit der UN-Unterorganisation für humanitäre Angelegenheiten eine Koordinierungsstelle, aber im Kriegsfall werden die Vereinten Nationen nicht immer als neutraler Vermittler anerkannt, sondern als Handlanger der Vereinigten Staaten wahrgenommen – man denke nur an Somalia und Afghanistan.

Entwicklungszusammenarbeit im Inland – Bildungsarbeit und solidarischer Handel

Sinnvolle und wirksame Entwicklungszusammenarbeit im globalen Süden ist nur eine Komponente, um weltweit zu einer Veränderung auf politischer und wirtschaftlicher Ebene beizutragen. In Demokratien werden politische Entscheidungen von gewählten Vertreterinnen getroffen, die sich im hohen Maß daran orientieren, womit sie bei der nächsten anstehenden Wahl die meisten Stimmen gewinnen können.

Was von Politikerinnen beschlossen wird, hängt also sehr davon ab, was die Wählerschaft denkt und fordert. Damit entwicklungspolitische Anliegen im demokratischen Entscheidungsprozess durchsetzbar werden, braucht es demzufolge eine entwicklungspolitisch informierte und engagierte Zivilgesellschaft.

In den 1960er Jahren waren Religionsgemeinschaften, engagierte Einzelpersonen und Solidaritätsgruppen die Pioniere, die dazu beitrugen, dass sich entwicklungspolitische Anliegen allmählich auch in Parteiprogrammen niederschlugen. »Dritte-Welt-Vereine« und Pfarrgruppen sammelten Spenden und diskutierten mit Leidenschaft die Ungleichverteilung des Reichtums zwischen Nord und Süd. Die Unterstützergruppen für die Sandinisten in Nicaragua oder die Anti-Apartheid-Bewegung sind bekannte Beispiele für das Engagement »zu Hause«. Oft waren es auch Entwicklungshelferinnen, die nach der Rückkehr in ihrer Heimatgemeinde Initiativen starteten.

Diese Gruppen sind in den letzten Jahrzehnten aber erodiert, weil es kaum gelang, junge Mitglieder zu finden. Wie in vielen anderen gesellschaftspolitischen Bereichen geht das Interesse an ehrenamtlicher Arbeit auch in der Entwicklungszusammenarbeit zurück. Die zunehmende Individualisierung bei gleichzeitigem Boom der sozialen Netzwerke führt aber zu anderen Phänomenen, die dem entwicklungspolitischen Engagement ein neues Gesicht verleihen: Mit den *Weltsozialforen*, der *Occupy-Bewegung* und *Attac* gibt es heute zahlreiche Gelegenheiten, sich punktuell und damit unverbindlicher einzubringen.

Eine andere Möglichkeit für Aktionen ist die Unterstützung von entwicklungspolitischen Kampagnen, wie z. B. solchen für fair produzierte Kleidung. Viele Initiativen bleiben unbemerkt, aber einige schaffen es, sich übers Internet viral zu verbreiten. Die *KONY 2012-Kampagne* der NRO *Invisible Children* ist exemplarisch dafür. Das youtube-Video ruft zur Ergreifung Joseph Konys auf, der als Führer der Lord's Resistance Army seit Jahrzehnten Ostafrika terrorisiert. Innerhalb von 48 Stunden wurde der Film über 20 Millionen Mal angeklickt und zerrte so Joseph Kony und den vergessenen Konflikt ins mediale Rampenlicht.

Entwicklungspolitische Bildung hat aber wenig mit dem oben beschriebenen Aktionismus zu tun, sondern mit der Vermittlung von globalen Sichtweisen und Wissen. Hochwertige entwicklungspolitische Bildungsarbeit – Diskussionsveranstaltungen zu organisieren, Infotheken zu betreiben, einschlägige Publikationen und Lehrbehelfe zu schaffen sowie Konzerte und Ausstellungen zu realisieren – ist ohne öffentliche Unterstützung und das große Engagement der vielen Initiativen und deren Mitarbeiterinnen nicht denkbar. Und so ist die Akteurslandschaft bunter, als sie auf den ersten Blick erscheinen mag: Zeitschriften wie das *Südwind Magazin* in Österreich oder das Monatsmagazin *welt-sichten* in Deutschland bieten sorgfältig recherchierte Informationen abseits der Mainstream-Medien und kommentieren neue Trends in der Entwicklungszusammenarbeit. Medienstellen wie *BAOBAB* in Wien bereiten Lehrmaterialien für Schulen auf und verleihen sie kostengünstig. Vereine wie die *Südwind Agentur* oder konfessionelle Bildungseinrichtungen wie die Welthäuser organisieren Tagungen und Veranstaltungen zu entwicklungspolitischen Themen.

Öffentliche Gelder können effektiv eingesetzt und Großes in Gang bringen, wie folgendes Beispiel aus Österreich zeigt: *FAIRTRADE Österreich* wurde 1993 gegründet und in den ersten Jahren auch mit Steuergeld gefördert. Waren es anfänglich noch Kaffee, Tee und Schokolade, die in den früheren »Dritte Welt«- und heutigen »Eine Welt«-Läden vertrieben wurden, gelang es mittels professionellen Marketings und Lobbyings, die Produktpalette auszuweiten und in die Supermärkte zu bringen. Heute kann man unter 950 fair gehandelten Produkten – von Gewürzen über Blumen bis hin zu Fußbällen – auswählen. Die Erfolgsgeschichte von Fair Trade hat bewiesen, dass jeder einzelne Konsument in Europa die Entwicklung im Süden nicht nur über milde Gaben, sondern auch über verantwortungsvollen Konsum positiv beeinflussen kann.

3. Die Lehren der Vergangenheit

Die Evolution der Projektansätze – von Almosen über »Hilfe zur Selbsthilfe« zum »Empowerment«

Almosen für die Bedürftigen

Der heilige Martin, der in einer kalten Winternacht durch das Dorf reitet und einem alten siechen Bettler die Hälfte seines Mantels gibt, macht das, was man *charity approach* nennt. Auf gut Deutsch: die Verteilung von Almosen. Dieser Hilfsansatz war vor allem in den Anfängen der Entwicklungszusammenarbeit weit verbreitet und findet sich heute noch bei manchen kirchlichen und vielen privaten Spenderinitiativen wieder. Der Empfänger wird dabei als arm und hilflos wahrgenommen, während sich der Spender als redlicher und ehrbarer Mensch betrachten darf.

So gibt es immer noch engagierte Helfer, die Altkleider, Spielsachen, Decken, Medikamente oder ausrangierte Brillen sammeln und sie für viel Geld nach Afrika verschicken, um sie dort unter das Volk zu bringen. Abnehmer finden sich dafür immer. Meist werden die Geschenke auf dem Schwarzmarkt weiterverkauft. Wenn sie nicht brauchbar sind, vergammeln sie irgendwo. Das passiert üblicherweise mit gebrauchten Geräten, für die es lokal keine Ersatzteile gibt oder wo sich niemand finden lässt, der sie in Betrieb nehmen kann. Abgesehen von der Nutzlosigkeit solcher Geschenke führt die dauerhafte Verteilung von Almosen zu einer Abhängigkeit, die jede Eigeninitiative abwürgt.

Umso bemerkenswerter ist es, dass genau diese Form der Hilfe auf Plakaten und in Spendenaufrufen von Hilfswerken beworben wird. Da kann man eine Ziege für eine äthiopische Familie sponsern, für etwas mehr bekommt man einen Brunnen, und manche Organisationen vermitteln persönliche Patenkinder, die dank des edlen Spenders Hefte, Bleistifte und eine warme Mahlzeit täglich bekommen. Um auf dem Spendenmarkt erfolgreich zu sein, wird weiterhin mit diesem bewährten Almosen- und Mitleidsansatz geworben. Das funktioniert nach wie vor, bedient aber das Bild des armen, hilflosen und zur eigenen Entwicklung unfähigen Äthiopiers, Pakistanis oder Bolivianers.

»Hilfe zur Selbsthilfe« – alt, aber gut

Die Realität in den Projekten etablierter Organisationen hat heutzutage wenig mit dem Almosenansatz zu tun. Gefördert werden in der Regel nicht einzelne Personen, sondern Dorfgemeinschaften und Institutionen. Die meisten Hilfswerke setzen bei ihrer Arbeit in den Armutsgebieten nicht mehr auf die Verteilung von Almosen, sondern auf »Hilfe zur Selbsthilfe« – »*needs based approach*«. Es wird – um das meistzitierte Beispiel zu bemühen – nicht mehr Fisch verteilt, sondern es werden die Menschen mit Netzen versorgt und zum Fischen ausgebildet. Dieser Zugang benötigt Erfahrung, Wissen und viel Geduld. Das Verteilen von Fischen ist da natürlich um einiges einfacher. Die Beratung und Ausbildung von heimischen Lehrern und Ärzten oder der Aufbau und Betrieb von Werkstätten, Krankenhäusern und Berufsschulen fallen in diese Kategorie.

Hier ändert sich der Blickwinkel. Jetzt stehen nicht mehr konkrete, greifbare Projekte wie eine Schule oder Krankenhaus im Zentrum, sondern die Rechte des Einzelnen oder einer Gruppe. Dieser Ansatz nennt sich *rights based approach* oder menschenrechtsbasierte Projektarbeit. Ziel der Projekte ist es nunmehr dafür zu sorgen, dass die Menschen ihre Ansprüche (v. a. Menschen- und Bürgerrechte, aber auch das Recht auf Nahrung, Bildung und Gesundheit) kennen und diese auch durchsetzen können. Den Weg dahin nennt man »Ermächtigung«, der geläufigere Begriff dazu kommt aber aus dem Englischen und heißt *empowerment.* Um das Beispiel mit den Fischern weiterzuführen: Jetzt geht es darum, die Fischerfamilien darin zu unterstützen, ihre Fischgründe gegen die Übermacht fremder Fangflotten zu verteidigen und den rechtlichen Rahmen zu sichern, der es ihnen ermöglicht, zumutbare Arbeitsbedingungen zu schaffen und faire Preise zu erzielen.

NRO, die auf die Ermächtigung ihrer Klienten abzielen, agieren ganz anders als solche, die Almosen verteilen oder Schulen betreiben. Sie müssen gut ausgebildete Beraterinnen und Lobbyisten beschäftigen, die sich für die Anliegen und Rechte ihrer Klienten auf politischer Ebene einsetzen. Das passiert meist nicht in den Dörfern, sondern in den Hauptstädten des Landes, in Ministerien und Behörden.

Die hier dargestellten Ansätze nun einfach in bessere und schlechtere zu unterteilen, greift zu kurz. Denn eine notleidende Familie braucht sofort Nahrung und medizinische Hilfe. Auch bei der Ausbildung der Kinder kann nicht jahrelang gewartet werden, bis sich aufgrund erfolgreicher politischer Arbeit das Schulsystem soweit verbessert hat, dass auch Arme Zugang zu guter Bildung haben.

Konsequenterweise sind professionell agierende NRO heute auf allen drei Ebenen aktiv – dies lässt sich an folgendem Beispiel veranschaulichen: Ein Hilfswerk, das sich für Menschen mit Behinderungen einsetzt, kann die drei genannten Projektansätze wie folgt verbinden:

Die Bereitstellung von Rollstühlen und Brillen wäre, allein für sich gesehen, reine Almosenverteilung. Die Maßnahme bekommt aber eine wirksame und nachhaltige Komponente, wenn gleichzeitig lokale Werkstätten zur Produktion und Instandhaltung dieser Gegenstände errichtet und Fachkräfte ausgebildet werden. Noch nachhaltiger wird das Ganze, wenn auch Kampagnen zur Verbesserung der Rechte von Menschen mit Behinderungen (etwa zur gesetzlichen Verankerung der Barrierefreiheit) durchgeführt und damit die Rahmenbedingungen für diese Bevölkerungsgruppe langfristig verbessert werden.

NRO aus dem Norden, die anwaltschaftlich in Entwicklungsländern tätig sind, weht neuerdings aber ein rauer Wind entgegen. Die Regierungen der Entwicklungsländer verwehren sich einerseits zunehmend gegen die Einmischung von außen und konfrontieren lokale und internationale NRO mit neuen Gesetzen, Registrierungspflichten und der Aufforderung, ihre Finanzierungsquellen offenzulegen, was vielfach als Schikane wahrgenommen wird. Andererseits wird zu Recht die Frage der Legitimation gestellt: Woher nimmt beispielsweise eine Schweizer NRO das Recht, sich in Äthiopien für die Anliegen von Waisenkindern einzusetzen, sprich, sich in lokale Prozesse der Meinungsbildung und der politischen Entscheidungsfindung einzumischen, ohne ein offizielles Mandat im Land selbst zu besitzen? Organisationen, die sich für eine gerechtere Welt engagieren, tun sich oft schwer mit der Entscheidung, was wichtiger ist: die Autonomie eines Partnerlandes zu respektieren, also sich nicht in interne Prozesse einzumischen, oder aber sich für universell anerkannte Rechte (wie Geschlechtergerechtigkeit, Rechte von Homosexuellen, etc.) einzusetzen und damit ab und an auch auf Konfrontationskurs gegenüber traditionellen Strukturen und Institutionen zu kommen.

Hier steht die Arbeit der NRO in einem Spannungsfeld, das sich nicht so einfach auflösen lässt. Die moralische Verpflichtung, religiöse Motivation, eine tiefe Überzeugung von der Richtigkeit der Sache, das alles werden engagierte NRO-Mitarbeiter ins Treffen führen.

Im Idealfall sollten diejenigen, die der Hilfe bedürfen, entscheiden, welches Angebot sie annehmen und welches sie ausschlagen. Problematisch dabei ist, dass die Adressaten der Hilfe oft arme und ausgegrenzte Bevölkerungsgruppen sind, die sich in politische Entscheidungsprozesse gar nicht einbringen können. Die Entscheidung, ob bestimmte Projekte und Programme durchgeführt werden, trifft oft eine Regierung, von der sich die ausgegrenzten Gruppen nicht vertreten fühlen.

Prinzipien und Standards

Über die Jahrzehnte haben sich in der Entwicklungszusammenarbeit Prinzipien herausgebildet, die mittlerweile als Standards gelten. Hier sind die wichtigsten angeführt und erklärt:

Ownership – Wer fühlt sich für das Projekt verantwortlich?

Ein Brunnen in Äthiopien wird gebaut. Der Fördergeber – eine kleine Spendeninitiative aus Oberösterreich – hat dafür ein Zeltfest veranstaltet und dabei insgesamt 18.000 Euro gesammelt. Nach drei Reisen ist der Brunnen endlich fertig und wird feierlich eröffnet. Die Spender sind stolz auf ihren Brunnen und bringen ein eigens in Österreich angefertigtes Messingschild mit der Aufschrift »*Oberösterreichischer Brunnen – Donated by the people of Upper Austria*« an. Diese Form der *visibility* (Sichtbarmachung) ist sehr beliebt, auch bei großen Gebern. So regelt die Europäische Kommission oder die Austrian Development Agency ganz genau, wie groß ihre Logos und Schriftzüge auf diesen Schildern aufgedruckt werden müssen.

Nach der feierlichen Einweihung reisen die Besucher ab, die Handpumpe ist nach vier Monaten mangels Wartung kaputt, keiner fühlt sich für die Reparatur verantwortlich. Darauf angesprochen winkt der Dorfälteste mit den Worten ab: »Der Brunnen gehört eigentlich den Oberösterreichern, sie haben ihn gebaut, da können wir nicht einfach Hand anlegen. Wir wurden in den Bau nicht einbezogen, außerdem wäre eine Gesundheitsstation für uns viel wichtiger gewesen. Wasser gibt es ja genug im Fluss«, fügt er kopfschüttelnd hinzu. Solche Beispiele gibt es auch in viel größerem Maßstab: Überlandstraßen, die langsam verfallen, Industrieanlagen, die nie in Betrieb gingen, Traktoren, die verrosten. Doch was kann man tun, damit sich die Dorfgemeinschaft für den Brunnen und die Regierung für die Straßen, die Industrieanlagen oder die gespendeten Traktoren verantwortlich fühlen? Das Zauberwort heißt Partizipation.

Partizipation – leichter gesagt als getan

Partizipation kann man mit »Teilhabe« übersetzen. Es ist eines der beliebtesten Schlagworte in der Entwicklungszusammenarbeit. Man wird kaum ein Hilfswerk finden, das seine Projekte nicht als partizipativ anpreist.

In den Anfängen der Entwicklungszusammenarbeit, als von »gleichberechtigter Kooperation auf Augenhöhe« noch nicht einmal gesprochen wurde, war es durchaus akzeptiert, dass Projekte von Expertinnen, oft im Ausland oder von übergeordneten Regierungsstellen ausgedacht, geplant und umgesetzt wurden. So kam es, wie im oben genannten Beispiel, zu Brunnen, die niemand wartet, zu Unterrichtsmaterialien, mit denen Schulkinder nichts anfangen konnten, oder zum Import von Maschinen, die kaum jemand bedienen, geschweige denn reparieren konnte.

In den Jahrzehnten, die zwischenzeitlich vergangen sind, war eine der wichtigsten Lernerfahrungen der Entwicklungszusammenarbeit, dass Partizipation, also die Beteiligung der lokalen Partnerorganisationen und der Begünstigten, das A und O jeder erfolgreichen Kooperation ist. Nur wenn Menschen sich mit einem Projekt selbst identifizieren und es als ihr eigenes betrachten, besteht die Aussicht, dass sie auch Verantwortung dafür übernehmen.

Wie das geht, ist leicht gesagt: Die lokalen Partner und Begünstigten müssen von Anfang bis Ende, in allen Phasen eines Projekts oder Programms, mitreden. Die Entscheidungen, die dabei gemeinsam getroffen werden, sollten, wo immer möglich, dem Willen der Betroffenen entsprechen. »Mitreden und Mitgestalten in allen Phasen der Zusammenarbeit« bedeutet in der Praxis:

- Die Idee einer neuen Maßnahme sollte von den Begünstigten selbst kommen und nicht von anderen Leuten »für sie« beschlossen werden.
- Bei der Planung eines Projekts oder Programms müssen alle Beteiligten und Betroffenen mitreden und ihre Anliegen einbringen können.
- Bei der Umsetzung der Aktivitäten müssen, wo immer möglich, lokale Arbeitskraft, lokales Wissen und Methoden sowie lokale Gerätschaften und Materialien verwendet werden.
- Bei allen Entscheidungen im Verlauf des Projekts müssen die lokalen Organisationen mitreden.
- Bei Evaluierungsteams, die den Grad der Zielerreichung und letztlich der Sinnhaftigkeit einer durchgeführten Maßnahme bewerten, sollten auch lokale Expertinnen dabei sein.

Die praktische Umsetzung dieser partizipativen Vorgangsweise ist in der Realität nicht einfach. Es fängt schon damit an, wer alles zur Gruppe der Beteiligten und Betroffenen zählt (und daher zu den Workshops und Besprechungen eingeladen werden soll) und wer nicht. Verständigungsprobleme, nicht nur sprachlicher Art, sondern auch bezüglich kultureller Gepflogenheiten (informelle Rangordnungen innerhalb einer Gruppe, Tabus, andere Vorstellungen von Zeit, etc.) kommen oft hinzu. Da interkulturelle Kommunikation und partizipative Entscheidungsprozesse zu den wichtigsten Aufgaben der Entwicklungszusammenarbeit gehören, hat die Branche über die Jahrzehnte ein sehr umfangreiches und anspruchsvolles Instrumentarium entwickelt. Es gibt zahlreiche Methoden und Handbücher dafür, wie mit bestimmten Gruppen, je nach Kontext, partizipativ gearbeitet werden kann. Neben den betriebswirtschaftlichen Kennzahlen oder den fachlichen Qualifikationen der Mitarbeiterinnen ist ein wichtiges Qualitätskriterium für Hilfswerke daher, wie professionell sie das Prinzip der Partizipation in der Arbeit mit Partnerorganisationen anwendet.

Nachhaltigkeit

Seit den späten 1990er Jahren gibt es wohl kaum eine Projektbeschreibung, in der die Nachhaltigkeit der Intervention nicht ausführlich beschrieben wird. Der Begriff selbst ist älter, als man vermuten würde. Er stammt aus der Forstwirtschaft und wurde erstmals 1703 erwähnt (von Carlowitz, 1703). Nachhaltige Bewirtschaftung bedeutet, im Jahr nicht mehr Holz zu schlagen, als im gleichen Zeitraum nachwächst. Nachhaltigkeit ist der rein ökologischen Bedeutung aber schon längst entwachsen. Im Kontext der Entwicklungszusammenarbeit spricht man von institutioneller, ökonomischer, sozialer und kultureller Nachhaltigkeit.

Besonders die ökonomische Dimension hat in der Zeit des Neoliberalismus einen Bedeutungsaufschwung erfahren. Im Zuge der Kosten-Nutzen-Diskussion – im Englischen knackig als *value for money* bezeichnet – wurde vermehrt eingefordert, dass sich die Projekte nach Ende der Laufzeit selbst tragen und finanzieren müssen. In der Praxis hat sich dieser fromme Wunsch, bis auf Projekte im Bereich der Privatsektorentwicklung, rasch als Illusion erwiesen. Denn Projekte im Sozial-, Bildungs- und Gesundheitsbereich können sich nicht selbst tragen, das tun sie auch im reichen Norden nicht. Nur mit dem Unterschied, dass in den Industrieländern die Regierungen dank des hohen Steueraufkommens und der damit verbundenen gesellschaftspolitisch gewollten Umverteilung diese Aufgaben auch finanzieren können.

In Entwicklungsländern kommt das Geld dafür vornehmlich von bilateralen Gebern, Religionsgemeinschaften und internationalen NRO. Würden diese als Erhalter von Schulen und Krankenhäusern mehr Beiträge von Eltern oder Patienten einheben, würde sich zwar die ökonomische Nachhaltigkeit verbessern, gleichzeitig aber das oberste Ziel, nämlich die Unterstützung der Ärmsten, torpediert werden. Daher greift das Diktat der ökonomischen Nachhaltigkeit in den Kernbereichen der Entwicklungszusammenarbeit (Bildung, Gesundheit, Soziales) meist zu kurz. Hier soll jedoch angestrebt werden, dass Schulen und Krankenhäuser nicht langfristig allein von ausländischem Geld abhängen. Bewusstseinsbildende Maßnahmen können dazu führen, dass die Bevölkerung mit der Zeit die eigene Regierung in die Pflicht nimmt, sodass lokale Behörden sukzessive die Kosten für Erhaltung und Betrieb übernehmen.

Ganz wichtig ist daher die institutionelle Nachhaltigkeit: Partnerorganisationen sollen im Zuge der Projektumsetzung auch als Institutionen profitieren. Denn in der Entwicklungszusammenarbeit geht es ja nicht allein um die Bekämpfung der Armut, sondern auch um den Aufbau lokaler Kapazitäten. Das passiert durch Weiterbildung von Projektmitarbeitern, durch Organisationsentwicklung bei Partnerinstitutionen und den Aufbau von Netzwerken und Allianzen auf nationalstaatlicher oder überregionaler Ebene.

Soziokulturelle Nachhaltigkeit wiederum zielt darauf ab, nur Maßnahmen zu unterstützen, die kulturell akzeptabel sind und in das Alltagsleben integriert werden können.

Politikkohärenz[4]

»Das Ende der Armut, Nahrung und Bildung für alle«, so lauten die Versprechen der Vergangenheit. Einige davon werden nach wie vor als eingängige Slogans von globalen Berühmtheiten wie Bob Geldof oder Bono Vox getrommelt – und schaffen unrealistische Erwartungen, die mit den bestehenden Mitteln und Strukturen niemals erfüllt werden können.

Denn würde man die jährlichen Entwicklungsgelder auf die ärmsten 1,2 Milliarde Menschen, die von weniger als 1 Euro pro Tag leben müssen, gleichmäßig aufteilen, bekäme jeder und jede 90 Euro im Jahr (Hobbes, 2014). Damit lässt sich die Armut nicht ausrotten. Absurd wird es, wenn man weiß, dass eine Kuh in der Europäischen Union mit 45 Euro im Monat subventioniert wird (Öhlschläger/Sangmeister, 2013, S. 32). Und damit sind wir beim großen Thema: der fehlenden Politikkohärenz.

Hinter diesem sperrigen Begriff verbirgt sich ein Dilemma der Entwicklungszusammenarbeit. Kohärenz heißt, wörtlich übersetzt, »Gleichförmigkeit« und bedeutet, dass die verschiedenen Politiken eines Staates – oder auch der EU – nicht im Widerspruch zueinander stehen sollen, dass also etwa die Handels- und Agrarpolitik der Entwicklungspolitik nicht zuwiderlaufen darf. Genau das tut sie aber: Mit Entwicklungsgeldern wurden Kleinbauern in Westafrika zum Anbau von Zwiebeln für den lokalen Markt animiert, gleichzeitig überschwemmen billige Zwiebeln aus Europa dank Exportförderungen Afrikas Märkte und machen alle Bemühungen wieder zunichte. Diverse Programme versuchen die Wettbewerbsfähigkeit afrikanischer Kleinbetriebe zu steigern, doch in Bereichen, in denen sie bereits jetzt wettbewerbsfähig sind, wie z. B. in der Produktion diverser Agrarprodukte, wird ihnen der Zugang zum europäischen Markt erschwert. Sie dürfen zwar ihre Produkte mittlerweile zollfrei in die EU exportieren, scheitern aber sehr

4 Der englische Fachbegriff lautet *political coherence for development* (PCD).

of an den europäischen Hygiene- und Qualitätsstandards. Beispiele dafür gibt es zuhauf, eine vollständige Aufzählung würde dieses Buch sprengen.

Es gibt zahlreiche Gremien und Arbeitsgruppen, die sich mit der Politikkohärenz für Entwicklung befassen und Empfehlungen formulieren. Sie erscheinen relativ machtlos, und das hat triftige Gründe: Ähnlich wie im Bereich Klimawandel ist auch im Bereich der internationalen Entwicklung den politischen Entscheidungsträgern zwar bewusst, dass es ernsthafte Anstrengungen braucht, um die notwendigen Weichenstellungen für die Zukunft vorzunehmen. Doch wie das umgesetzt werden kann, ist umstritten. Kein Land will den ersten Schritt wagen, denn eine echte Politikkohärenz im Sinne der Entwicklungszusammenarbeit fordert auch eine gewisse Opferbereitschaft von den Industrieländern. Denn wir reden hier nicht davon, nur das kleine Almosen von 0,7 % des Bruttoinlandsprodukts für Entwicklungszusammenarbeit aufzubringen. Vielmehr geht es darum, die globalen Produktions- und Verteilungsprozesse so umzustrukturieren, dass das Gefälle zwischen Arm und Reich sich langfristig verringert und absolute Armut ganz verschwindet.

Gute Regierungsführung – *good governance*

In vielen Ländern des globalen Südens gab und gibt es immer wieder Phasen, in denen die Bildungs-, Gesundheits- und Sozialpolitik Fortschritte macht und sich die volkswirtschaftlichen Kennzahlen vielversprechend entwickeln: so etwa vor zehn Jahren in Brasilien aufgrund der bereits erwähnten erfolgreichen Reformen der Regierung Lula oder in Uganda in den ersten Jahren der mittlerweile stark degradierten Präsidentschaft von Yoweri Museweni – die Beispiele ließen sich fortsetzen. In der Tat gibt es kaum einen Faktor, der entscheidender für die Entwicklung einer Region ist als die eigene Regierung. Typischerweise sind die benachteiligten Länder im globalen Süden nicht deshalb arm, weil ihnen Bodenschätze oder Produktionsmöglichkeiten fehlen, sondern weil sie oft von kleptokratischen Oligarchien beherrscht werden, die die Erträge aus den Exporten, Zöllen und Steuereinnahmen nicht zum Wohl der breiten Bevölkerung investieren, sondern für sich und ihre Unterstützer beanspruchen.

Kommt dagegen eine politische Gruppierung an die Macht, die sich für die Anliegen der Bevölkerung engagiert, so kann, wie unsere Beispiele verdeutlichen, sehr schnell viel vorwärts gehen. Regierungen fallen jedoch nicht vom Himmel, sondern werden im Idealfall gewählt. Sie kommen an die Macht, wenn die Wähler und Wählerinnen bereit sind, für Volksvertreter zu stimmen, die nicht auf den kurzfristigen Erfolg setzen, sondern Reformen anpacken, die für das Volk zunächst mit Opfern und Einschränkungen verbunden sind. Gerade die ärmste Bevölkerungsschicht, die von radikalen Reformen oft am meisten profitieren würde, wählt aber mehrheitlich meist den langjährigen Präsidenten, der dank Medienbeeinflussung und hohem Organisationsgrad seiner Partei omnipräsent ist. Denn das Stimmverhalten ist untrennbar mit Bildung, vor allem mit politischer Bewusstseinsbildung, und mit dem Organisationsgrad der Zivilgesellschaft und der Existenz freier Medien verbunden.

Sinnvolle Entwicklungszusammenarbeit muss daher auch Programme unterstützen, die darauf abzielen, der lokalen Zivilgesellschaft zu vermitteln, welche Verantwortung ihre Regierung für die Verbesserungen der Lebensumstände hat, und wie jeder und jede einzelne dazu beitragen kann, sozialen Wandel herbeizuführen. Entwicklungszusammenarbeit unterstützt daher Maßnahmen im Bereich Lobbying, Anwaltschaft und der Stärkung der Zivilgesellschaft.

Querschnittsthemen in der Entwicklungszusammenarbeit

Als Querschnittsthemen bezeichnet man Themen, die einen so großen Einfluss auf den Erfolg von Projekten haben, dass sie bereits bei der Planung des Vorhabens mitbedacht werden müssen. Ein einfaches Beispiel aus der Arbeitswelt veranschaulicht das Prinzip: Jede Führungskraft muss darauf achten, dass die Mitarbeiterinnen zufrieden sind, denn zufriedene Mitarbeiterinnen produzieren mehr und sind seltener krank. Daher führen moderne Unternehmen die Zufriedenheit der Mitarbeiterinnen nicht nur im Leitbild, sondern budgetieren dafür auch spezielle Maßnahmen, wie etwa freiwillige soziale Leistungen, Betriebsausflüge und Kaffeeautomaten. Auch in der Entwicklungszusammenarbeit begegnen uns Querschnittsthemen, die für den Projekterfolg maßgeblich sind. Die gängigsten sind hier erklärt:

Umweltschutz

Nachhaltige Entwicklung setzt die Bewahrung einer intakten Umwelt voraus. Professionelle Organisationen berücksichtigen daher die Auswirkungen ihrer Projekte auf die Umwelt. Die meisten öffentlichen Geber knüpfen bei größeren Vorhaben sogar die Förderzusage an eine Prüfung der Umweltverträglichkeit. Sollte sich etwa herausstellen, dass sich ein Projekt – etwa zur Förderung von kleinbäuerlicher Landwirtschaft – negativ auf die Umwelt auswirkt, so wäre das ein Ablehnungsgrund.

Gendergerechtigkeit

Langjährige Forschungen und Erfahrungen – natürlich nicht nur in der Entwicklungszusammenarbeit – haben gezeigt, dass eine Vielzahl ungerechter und ineffizienter Strukturen ihre Ursache darin hat, dass Entscheidungen ausschließlich oder zumindest vornehmlich von Männern getroffen werden. Das ist besonders offensichtlich bei Themen wie häuslicher Gewalt, dem Zugang zur Bildung für Mädchen oder der ungerechten Verteilung der Arbeitslast zwischen Frauen und Männern. Auch in den Industrieländern haben viele Frauen durch die Emanzipationsbewegung berufliche Karrieremöglichkeiten und dementsprechende Arbeitsbelastungen dazubekommen, ohne im Gegenzug dazu bei den reproduktiven Tätigkeiten wie Haushalt und Kindererziehung von den Männern entsprechend entlastet zu werden.

Die Rechte der Frauen und ihre gesellschaftliche Teilhabe wurden erst in den 1980er Jahren in der Entwicklungszusammenarbeit diskutiert, wobei man sich zwei Fragen stellte: Wie kann einerseits die Gleichberechtigung der Frau durch spezifische Projekte gefördert und andererseits sichergestellt werden, dass Frauen von Entwicklungsprojekten gleichermaßen profitieren wie Männer?

Die Beantwortung dieser beiden Fragen hatte tiefgreifende Auswirkungen auf die konkrete Projektarbeit. Es wurden vermehrt spezifische Frauenprojekte gefördert, während bei klassischen Projekten zunehmend Überlegungen angestellt wurden, wie beispielsweise die Vergabe von Kleinkrediten oder Bildungsmaßnahmen gestaltet werden müssen, damit auch Frauen teilnehmen können und genauso davon profitierten wie die Männer. Darüber hinaus galt es den Einfluss von Frauen in politischen Entscheidungsgremien zu erhöhen und ihre Bildungssituation zu verbessern. In den letzten 20 Jahren wurden dabei deutliche Fortschritte, besonders in Schwellenländern, erzielt.

Dabei hat sich gezeigt, dass Frauen verlässlicher mit Krediten umgehen und ländliche Entwicklungsprojekte ganz anders aussehen, wenn auch Frauen bei der Planung beteiligt werden. Vor allem aus Gerechtigkeits-, aber auch aus Effizienzüberlegungen ist es daher bei allen Maßnahmen der Entwicklungszusammenarbeit wichtig, dass sie zu einer größeren Geschlechtergerechtigkeit beitragen.

HIV/Aids

Die HIV/Aids-Epidemie hat die Welt verändert. Seit dem Auftreten der ersten HIV/Aids-Fälle Anfang der 1980er Jahre in den USA haben sich über 60 Millionen Menschen mit dem HI-Virus infiziert, wobei drei Viertel der Betroffenen in Afrika südlich der Sahara leben. An die 25 Millionen sind bereits an Aids oder einer Folgeerkrankung verstorben. In den Jahrzehnten seit Ausbruch der Pandemie hat die pharmazeutische Industrie große Fortschritte in der Entwicklung antiretroviraler Medikamente gemacht, welche die Krankheit zwar nicht heilen, aber ihre Symptome soweit vermindern können, dass die Lebenserwartung von HIV positiven Menschen um Jahrzehnte verlängert wird. Jedoch sind diese Medikamente sehr teuer, und selbst die kostengünstigeren Generika, die inzwischen auch in den meisten Ländern des globalen Südens verfügbar sind, können sich viele Betroffene nicht leisten. HIV/Aids ist daher in mehrerlei Hinsicht eine Herausforderung für die nachhaltige Entwicklung der Welt: Erstens lebt die überwiegende Mehrzahl der Betroffenen im globalen Süden. Zweitens ist die erfolgreiche Behandlung auch eine Frage der Bildung, der Gesundheitsversorgung und des Einkommens, wodurch Menschen in Armut wesentlich geringere Chancen auf ein Leben in Würde trotz HIV/Aids haben als materiell besser abgesicherte Bevölkerungsgruppen. Drittens – und das ist aus unserer Sicht ein zentraler Punkt – laufen Maßnahmen, bei denen es um Aus- und Fortbildung lokaler Fachkräfte geht, ins Leere, wenn die Menschen, in die man ausbildet, nach kurzer Zeit versterben.

Als Gegenmaßnahme haben viele Hilfswerke eine organisationsinterne HIV/Aids-Policy. Darin enthalten ist meist die Finanzierung der antiretroviralen Medikamente, wobei sich die Mitarbeiter anonym dafür registrieren können. Eine weitere wichtige Aufgabe ist es, bei allen Fortbildungsmaßnahmen – egal ob es um Mikrokredite für Straßenhändler, den Einsatz organischen Düngers für Kleinbäuerinnen oder die richtige Ernährung von Babys geht – auch über die Prävention und Behandlung von HIV/Aids zu sprechen.

Als neuere Querschnittsthemen sind in den letzten Jahren unter anderem hinzugekommen:

Kapazitätsentwicklung – capacity developoment

Für Projekte ist entscheidend, dass nach Auslaufen einer Förderung die Aktivitäten von den lokalen Organisationen weitergeführt werden können. Daher sind Hilfswerke, vor allem nach der Jahrtausendwende, immer mehr davon abgekommen, selbst Dienstleistungen anzubieten, etwa Schulen oder Krankenhäuser zu betreiben oder durch europäische Handwerksmeisterinnen Lehrlinge auszubilden. Stattdessen wird der Fokus verstärkt darauf verlegt, die Kapazitäten vor Ortzu stärken, also lokale Fachkräfte auszubilden und lokale Organisationen darin zu unterstützen, ihre Dienstleistungen zu verbessern.

Wissensmanagement – knowledge management

Entwicklung hat immer mit Lernprozessen zu tun. In der Vergangenheit wurde nicht nur das sprichwörtliche Rad mehrfach neu erfunden, sondern es wurden auch viele Fehler oft wiederholt, da sowohl die Hilfswerke auf der Geberseite als auch die lokalen Partner im globalen Süden sich selten über Lernerfahrungen austauschten. Ein weiterer guter Grund für die Stärkung von Wissensmanagement ist die Erkenntnis, dass das Know-how immer weniger aus dem globalen Norden kommt. Die Lösungen für die meisten Probleme sind den lokalen Partnerorganisationen üblicherweise bekannt.

Daher ist es zentral, dass die Geber aus dem Norden ihre schwindende Bedeutung als Know-how-Träger akzeptieren, den Erfahrungsaustausch zwischen Partnern im Süden aktiv fördern und so das bei lokalen Personen und Organisationen existierende Wissen verbreiten.

Politikdialog – policy dialogue

Dass Entwicklung nur in sehr geringem Umfang eine Frage von Technologien und Methoden ist, sondern in erster Linie eine politische Dimension hat, ist keine neue Erkenntnis. Nachhaltige Entwicklungsprozesse erfordern gute Regierungsführung (vgl. Gute Regierungsführung – *good governance*, S. 101f.) und faire politische Rahmenbedingungen, sowohl auf lokaler wie auf globaler Ebene. Ein neues Betätigungsfeld das sich in diesem Kontext für die Entwicklungszusammenarbeit eröffnet hat, ist die Förderung des Politikdialogs. Dabei sollen Vertreter der lokalen Zivilgesellschaft darin ausgebildet werden, ihre Anliegen in den politischen Entscheidungsprozesse einzubringen, zu lobbyieren und mit Vertreterinnen aus Politik und Verwaltung erfolgreich in Verhandlung zu treten. Als Qualitätskriterium ist *good governance* schon lange in den Hochglanzpublikationen der Geberstaaten angekommen.

Inklusion von Menschen mit Behinderungen

Inklusion, also die Teilhabe von Menschen mit Behinderungen am Alltagsleben, ist ein vergleichsweise junges Thema in der Entwicklungszusammenarbeit. Dank der erfolgreichen Lobbyarbeit von Organisationen wie *Licht für die Welt*, *Handicap International*, der *Christoffel Blindenmission* und anderen ist es rasch gelungen, das Thema im entwicklungspolitischen Mainstream zu verankern. Auch die stärkere Verbindung zwischen Entwicklung und Menschenrechten trug dazu bei. 2008 trat die UN-Behindertenrechtskonvention in Kraft. Sie verpflichtet die Geber ausdrücklich, ihre Programme für Menschen mit Behinderungen, und davon gibt es viele, zugänglich zu machen.

Rund 15 % der Weltbevölkerung leben mit einer Form von Behinderung, von diesen wiederum wohnen 80 % in Entwicklungsländern. Mit anderen Worten: Jeder fünfte der weltweit ärmsten Menschen hat eine Behinderung. Dafür gibt es viele Ursachen wie schlechte Gesundheitsversorgung, Unter- und Mangelernährung, fehlende Geburtsbetreuung, unbehandelte Infektionskrankheiten oder Versehrtheit aufgrund von Unfällen, gefährlichen Arbeitsbedingungen, Katastrophen und kriegerischen Handlungen. Menschen mit Behinderungen sind meist von gesellschaftlichen Aktivitäten ausgeschlossen, besuchen selten die Schule, sind kaum berufstätig und leben häufig am Rand der Gesellschaft. Menschen mit Behinderungen gehören zu den Ärmsten der Armen und erfahren soziale Ausgrenzung und Stigmatisierung. Mittlerweile haben die Organisationen und Hilfswerke erkannt, dass es einer Strategie bedarf, um Menschen mit Behinderung zu erreichen.

Diese Strategie zur Durchbrechung des Kreislaufs von Armut und Behinderung heißt Inklusion. Dabei geht es nicht darum, Spezialprojekte für Menschen mit Behinderung zu fördern und diese damit weiterhin vom Gesellschaftsleben auszuschließen. Vielmehr müssen die klassischen Projekte so gestaltet werden, dass sie auch für Menschen mit Behinderungen zugänglich und nutzbar sind. Ein paar einfache Beispiele: Brunnen kann man so bauen, dass auch Rollstuhlfahrer Wasser schöpfen können, Gebäude sollen ausschließlich barrierefrei errichtet werden und HIV-Aufklärung gehört auch in Gebärdensprache angeboten. Inklusion von Anfang an ist im Übrigen wesentlich kostengünstiger als eine Adaption im Nachhinein.

Besondere Bedeutung hat Inklusion im Bildungssystem. Blinden- und Gehörlosenschulen, in denen Kinder mit Behinderungen unter sich bleiben und eine spezielle Ausbildung und Förderung erhalten, kennt man aus Industrieländern. In Entwicklungsländern funktioniert dieses Modell, abgesehen davon, dass es auch im Norden als nicht mehr zeitgemäß erachtet wird, aus mehreren Gründen nicht. Spezialschulen sind teuer und werden meist als Internate weit weg in der Hauptstadt betrieben. Für eine Durchschnittsfamilie ist das nicht leistbar, zudem würde sich das behinderte Kind von seiner Familie immer mehr entfremden. Auch in den Industrieländern erfolgt der Übergang von Sonderschulen zu inklusiven Schulformen, weniger aus finanziellen Gründen, sondern um Menschen mit Behinderung die Teilnahme im regulären Schulbetrieb und damit in der Mitte der Gesellschaft zu ermöglichen.

Das Schreckgespenst Korruption – ein Phantom?

Im Jahr 2012 herrschte Aufregung bei den österreichischen Hilfswerken. Der österreichische Ableger von *Transparency International* zitierte eine Weltbankstudie, die behauptete, dass bis zu 40 % der Hilfsgelder in dunklen Kanälen verschwinden würden (OECD, 2014). Die Tageszeitung *Die Presse* (2012) legte das flott auf die 200 Millionen Euro, die aus Österreich jährlich an staatlichen und privaten Fördermitteln in den globalen Süden fließen, um und errechnete die Summen von 40 bis 80 Millionen Euro, die aufgrund von Korruption Jahr für Jahr verloren gehen würden (Wetz, 2015). Auch wenn diese Zahl weit übertrieben scheint, wie halten es die Geber mit dem heiklen Thema Korruption?

Ist Korruption tatsächlich das Haupthindernis für Entwicklung?
Und wenn ja, wie kann man sie bekämpfen und eindämmen?

Korruption wurde bis in die frühen 1990er Jahre als ein kulturelles Phänomen der Entwicklungsländer abgetan, das mehr oder weniger akzeptiert werden müsse. Es wurde lieber weg- als hingeschaut, um die Projektumsetzung nicht zu gefährden. Mit anderen Worten: Korruption als einkalkuliertes Übel. In Kriegsgebieten sind humanitäre Organisationen manchmal gezwungen, Schmiergeld zu zahlen, um illegale Straßensperren zu überwinden, damit sie dringend benötigte Medikamente oder Nahrungsmittel in Flüchtlingslager bringen und Menschenleben retten können.

Abgesehen von diesen Extremfällen in der Nothilfe wird Korruption von der überwiegenden Mehrzahl der Entwicklungsorganisationen nicht mehr toleriert. Es ist Pionieren wie Peter Eigen, dem Gründer von *Transparency International* zu verdanken, dass Korruption in der Entwicklungszusammenarbeit zum Thema wurde. Der Deutsche Eigen war als Direktor der Weltbank für Ostafrika zuständig und erkannte, dass Korruption ein zentrales Entwicklungshemmnis darstellt. Durch die missbräuchliche Verwendung von Fördermitteln werden Projekte teurer und die soziale Ungleichheit steigt, ganz abgesehen von dem moralischen Dilemma, das Korruption in einer Gesellschaft erzeugt.

Seine Vorschläge zur Korruptionsbekämpfung stießen in der Weltbank jedoch auf taube Ohren. Er wurde sogar aufgefordert, das Thema ad acta zu legen, um den Ruf der Institution nicht zu gefährden. Er verließ die Weltbank und gründete 1993 in Berlin mit zehn Mitstreitern *Transparency International*. Heute hat die Organisation Ableger in 90 Staaten und erstellt jährlich einen Korruptionsindex – dort steht Somalia an der unrühmlichen Spitze, Dänemark gilt als am wenigsten korrupt.

Als wegweisend für den deutschsprachigen Raum gilt die Studie von *Transparency International* über Korruption in den kirchlichen Hilfswerken Deutschlands, die 2007 veröffentlicht wurde (Aschoff-Ghyczy, 2009). Das Papier *Korruption in der Entwicklungszusammenarbeit – ein Problem auch für kirchliche Organisationen* analysiert in klaren Worten die vielfältigen Erscheinungsformen von Korruption sowie deren strukturelle Ursachen.

Die Spielarten der Korruption

Korruption ist der Missbrauch anvertrauter Macht zum eigenen Vorteil. Dieser Missbrauch kann viele Formen und Schattierungen annehmen: Bestechung von Beamten, um rascher Importbewilligungen zu bekommen, Kauf von Ämtern, Verwendung von Projektfahrzeugen für private Zwecke, Verkauf von gespendeten Gütern wie Medikamenten, Handel mit Stipendien, sogenannte *kick-backs* (Schmiergelder) bei Bauprojekten oder größeren Anschaffungen, Ausbau von Originalteilen bei Autos, Wechsel von Projektgeldern am Schwarzmarkt und Einbehaltung der Differenz, Fälschung von Belegen, oder die Auszahlung von Gehältern für Phantommitarbeiter. Kurzum: Der kriminellen Fantasie sind keine Grenzen gesetzt.

Traditionell wird in punkto Korruption eher auf die Fördernehmer und deren Umgang mit den anvertrauten Mitteln geschaut. Die Verantwortung zur Vermeidung von Korruption liegt jedoch auf beiden Seiten, beim Fördergeber und beim Fördernehmer.

Auf Seiten des Gebers wird manchmal zu wenig auf die Leistungsfähigkeit des Partners geachtet. Denn Fördermittel abzuwickeln benötigt Mitarbeiterinnen mit finanztechnischem Know-how sowie vorgegebene Prozesse und Strukturen – und auch Erfahrung. Deshalb soll dem lokalen Partner auf den Zahn gefühlt werden, bevor man ihm Mittel anvertraut. Besser ist es daher, klein zu beginnen und anfangs öfter, zum Beispiel vierteljährlich, die Abrechnungen zu kontrollieren.

Besonders anfällig für die Zweckentfremdung von Fördergeldern sind sogenannte Modeprojekte, die nicht im Interesse der Partner und der Zielgruppen liegen, aber dennoch gerne akzeptiert werden. Denn wer lehnt schon Fördermittel ab, wenn das ungeliebte Projekt auch Jobs, Fahrzeuge und Computer abwirft und darüber hinaus anteilige Bürokosten mitfinanziert. Bei diesen Projekten, als Beispiel seien die beliebten Gendertrainings oder HIV-Bewusstseinsbildungsprogramme genannt, ist die Identifikation gering und die Versuchung beim Empfänger groß, die Fördermittel für andere Zwecke einzusetzen.

Zu guter Letzt ist die Angst vor einem medial aufgeblasenen Spendenskandal ein Hemmnis, um Korruption offen zu bekämpfen. Diese Angst hat aber in den letzten Jahren deutlich abgenommen. NRO haben erkannt, dass sie vor Ort nur ernstgenommen werden, wenn sie Korruptionsvorwürfen forsch nachgehen und die Täter kompromisslos anzeigen. Die großen Spendenskandale in Österreichs jüngere Geschichte – *Volkshilfe* im Jahr 1990/91 und *World Vision* 1998 – waren jedoch hausgemacht und betrafen ausschließlich die Zentralen in Wien. Das gleiche gilt für den UNICEF-Skandal in Deutschland 2008, wo exorbitante Gehälter und üppige Beraterverträge vom Büro in Köln ausbezahlt wurden.

Dennoch wird Korruption in der Öffentlichkeit vornehmlich als Problem der Entwicklungsländer wahrgenommen. Was die Quantität betrifft, ist das sicherlich richtig. Das Phänomen der *petty corruption* ist weit verbreitet. So bezeichnet man die Armutskorruption oder Kleinkorruption, also Diebstahl von Betriebsmitteln wie Druckerpatronen, Papier oder Wertkarten für das Mobiltelefon, das Fälschen von Belegen, ungerechtfertigte Auszahlung von Diäten und dergleichen.

Wie lässt sich Korruption effektiv bekämpfen?

Mittlerweile haben alle größeren Akteure auf Geberseite wie öffentliche Entwicklungsagenturen, die Weltbank und auch die etablierten NRO ihre eigene Präventionspolitik verabschiedet. Sie reichen von genauen Vorgaben zur Finanzkontrolle und Buchprüfung über interne Regelwerke für integres Verhalten, sogenannte *codes of conduct*, die Einsetzung eines Ombudsmanns oder die Errichtung einer *anti corruption hotline* bis hin zu klaren Abläufen im Korruptionsfall – von der Krisenkommunikation nach außen bis zu internen Sanktionierungen.

Was heißt das für die Praxis?

Wenn man die eigene Präventionspolitik ernst nimmt, muss im Korruptionsfall kompromisslos gehandelt werden, auch auf das Risiko hin, den Ruf bei den eigenen Spendern zumindestens vorübergehend zu beschädigen. Bislang gibt es in Österreich aber noch keinen Fall, wo ein kompromissloses Auftreten gegen Korruption in einem Projekt im Entwicklungsland zu einem Skandal im Heimatland geführt hätte, was als Ermutigung für diesen Weg verstanden werden sollte.

Kassensturz – Was wurde erreicht?

Das Jahr 2000 stand im Zeichen eines großen Aufbruchs. Durch ein gemeinsames und abgestimmtes Vorgehen wollte die Weltgemeinschaft im Laufe einer Generation bis 2015 die absolute Armut halbieren, die Einschulungsraten erhöhen, die Kinder- und Müttersterblichkeit senken und Krankheiten wie Malaria, Tuberkulose und HIV/Aids zurückdrängen.

Die *Millenniums-Entwicklungsziele* der Vereinten Nationen waren naturgemäß ein Kompromiss, und der Beitrag der Industrieländer zu deren Erreichung wurde bewusst vage gehalten. Dennoch gilt es als große Leistung des damaligen UN-Generalssekretärs Kofi Annan, die Staats- und Regierungschefs aus 189 Ländern im September 2000 auf die acht Ziele eingeschworen zu haben.

Aufgrund ihres plakativen Charakters verankerten sich die *Millenniums-Entwicklungsziele* rasch und tiefgehend im kollektiven Bewusstsein der entwicklungspolitischen Akteure im Norden wie im Süden. Die acht einfach und klar formulierten Ziele führten zu einer positiven Dynamik und Aufbruchstimmung.

Eines vorweg: In den vergangenen 15 Jahren wurde global gesehen viel erreicht. Der Wirtschaftsboom in den Schwellenländern – und hier besonders in China, Indien und Brasilien – katapultierte hunderte Millionen Menschen aus der Armut. Daher konnte die Erreichung des ersten Ziels, nämlich den Anteil der ärmsten Menschen, die von weniger als 1,25 US-Dollar leben, zu halbieren, bereits 2010 gefeiert werden. In diesem Jahr lebten weltweit 700 Millionen Menschen weniger in extremer Armut als noch im Jahr 1990. Kritiker werfen hier gerne ein, dass die Armutsgrenze mit 1,25 US-Dollar am Tag bewusst viel zu niedrig gewählt wurde. Damit nicht genug, beziehen sich die *Millenniums-Entwicklungsziele* außerdem auf Entwicklungsparameter aus dem Jahr 1990, wie oft bemängelt wird. Sie unterschlagen daher das rasante Wirtschaftswachstum in den Schwellenländern, das nicht nur in China bereits in der Dekade von 1990 bis 2000 viele Millionen Menschen über die Armutsgrenze gehievt hatte.

Egal ob man diese Kritik nun teilt oder nicht, eines bleibt unbestritten: Den Erfolg, die Armut halbiert zu haben, darf sich nicht die Entwicklungszusammenarbeit allein auf ihre Fahnen schreiben. Um ihren Beitrag zu isolieren, muss man tiefer graben und die ärmsten Länder, die sogenannten *least developed countries*, unter die Lupe nehmen. Auch hier gibt es Erfolge zu melden, die jedoch deutlich bescheidener als in den Schwellenländern ausfallen.

In Afrika südlich der Sahara ist der Anteil der Menschen, die mit weniger als 1,25 US-Dollar auskommen müssen, nur geringfügig von 56 % im Jahr 1990 auf 48 % in Jahr 2014 gesunken. Der Anteil an unterernährten Menschen verringerte sich moderat von 33 % auf 23 %. Das ambitionierte Ziel der Halbierung liegt also noch in weiter Ferne.

Die größten Erfolge sind in Afrika zweifelsohne bei den Einschulungsraten zu verzeichnen: Während 1990 nur jedes zweite Kind eingeschult wurde, waren es 2015 schon vier von fünf Kindern. Erfreulich ist dabei, dass der Anteil der Mädchen in der Grundschule in den meisten Ländern nahe der Marke von 50 % liegt.

Ein Fortschritt ist die beinahe geschaffte Halbierung der Kindersterblichkeit der unter Fünfjährigen von 179 auf 86 pro 1.000 Kindern. Das ambitionierte Ziel war allerdings eine Reduktion um zwei Drittel. Auch bei der Müttersterblichkeit wurde global ein signifikanter Rückgang von 45 % verzeichnet. Geplant waren jedoch 75 %.

Beim Ziel, HIV/Aids, Malaria und Tuberkulose zu bekämpfen, spricht der aktuelle Bericht zur Erreichung der *Millenniums-Entwicklungsziele* davon, dass zwischen 2000 und 2012 rund 3,3 Millionen Todesfälle durch Malaria verhindert worden seien und seit 1993 22 Millionen Tuberkulosekranke geheilt wurden (United Nations, 2014). Diese Erfolge waren nicht zuletzt dank der üppig dotierten, neu geschaffenen globalen Fonds und des massiven Engagements der *Bill & Melinda Gates Foundation* möglich.

Traurig schaut es für das Ziel, die ökologische Nachhaltigkeit zu sichern, aus. Hier jagt eine Hiobsbotschaft die andere: Die Weltgemeinschaft ist in den letzten 15 Jahren daran gescheitert, den Kohlendioxid-Ausstoß zu verringern und das Artensterben zu stoppen. Lediglich überschaubare Ziele wie die Verbesserung der Trinkwasserversorgung und die Aufwertung von Slums konnten größtenteils erreicht werden.

Von den acht Zielen betraf nur eines die Industrieländer: der Aufbau einer globalen Entwicklungspartnerschaft. Das blieb so vage, dass es sich eigentlich kaum messen lässt.

Konkrete Anforderungen gab es nur bei der Höhe der finanziellen Mittel. Die Hilfszahlungen der Industrieländer erreichten 2014 mit 137,2 Milliarden US-Dollar tatsächlich einen Höchststand. Das entspricht im Schnitt 0,3 % des Bruttonationaleinkommens der Geberländer, verfehlt aber nach wie vor die erstmals 1969 im *Pearson Bericht* geforderten und immer wieder in Aussicht gestellten 0,7 % deutlich (Pearson, 1970).

Die Bilanz ist also durchwachsen. Doch auch wenn die *Millenniums-Entwicklungsziele* nicht der große Wurf gewesen sein mögen, den sich viele erhofft haben – noch weniger waren sie ein Flop. Erstmals in der bald 70-jährigen Geschichte der Entwicklungspolitik wurden ambitionierte Ziele vereinbart, quantifiziert und in einer gemeinsamen Anstrengung von staatlichen Gebern, Empfängerregierungen, Hilfswerken und Partnerorganisationen des Südens gemeinsam umgesetzt.

Knapp 15 Jahre nach dem glamourösen Millenniumsgipfel ist die damalige Aufbruchsstimmung nur noch vereinzelt spürbar. Die meisten Ziele wurden nur teilweise erreicht, so das Fazit. Ist das Glas nun halb leer oder halb voll? Für die Mehrheit der Menschen in Entwicklungs- und Schwellenländern ist es zweifelsfrei voller geworden. Aber für rund eine Milliarde Menschen auf der Erde ist das Glas leer geblieben, sie verharren weiterhin in Elend. Davon leben zwei Drittel in

Indien, China, Nigeria, Bangladesch und der Demokratischen Republik Kongo. Der Rest verteilt sich auf andere Länder in Südasien und in Afrika südlich der Sahara. Paul Collier setzt sich in seinem bemerkenswerten Buch *Die unterste Milliarde* (2008) mit ihnen auseinander. Für sie müssen die Nachfolger der *Millenniums-Entwicklungsziele*, die so genannten *nachhaltigen Entwicklungsziele* (*Sustainable Development Goals*), Antworten finden (vgl. Das neue Paradigma der globalen Ziele für nachhaltige Entwicklung 2016 bis 2030, S. 140ff.)

Kritik an der Entwicklungszusammenarbeit

Entwicklungszusammenarbeit habe mehr geschadet als genutzt. Sie habe auf ganzer Linie versagt und korrupte Regime gefördert. Sie diene nur den Interessen der Industriestaaten, den Funktionären der Hilfsindustrie und den korrupten Eliten. Außerdem schaffe sie dauerhafte Abhängigkeit, fördere Faulheit und Korruption und töte jede Eigeninitiative ab. Entwicklungszusammenarbeit sei nicht die Lösung, sondern das Problem. In diesem Ton schreiben der ehemalige deutsche Botschafter in Kamerun, Volker Seitz, in seinem Buch *Afrika wird armregiert* (2009) oder die sambische Ökonomin Dambisa Moyo, die sogar dazu aufruft, die Entwicklungshilfe für Afrika innerhalb von fünf Jahren ein für alle Mal zu beenden.

Tödliche Hilfe hatte Brigitte Erler ihre verheerende Bilanz der deutschen Entwicklungszusammenarbeit schon 1985 tituliert. Aufgrund haarsträubender Beobachtungen, die sie als Mitarbeiterin des deutschen Bundesministeriums für wirtschaftliche Zusammenarbeit und Entwicklung (BMZ) auf einer Dienstreise gemacht hatte, zog sie umgehend die Konsequenzen, hängte ihren hochdotierten Job an den Nagel und wurde zu einer entschiedenen Kritikerin der Entwicklungszusammenarbeit. Und das weiter vorne erwähnte Zitat von Gustavo Esteva, der von der »Entwicklung als einer unbestatteten Leiche, die gefährlich die Luft verpestet« (vgl. Sachs, 1993) spricht, zeigt, dass der Ton über die Jahre nicht schmeichelhafter geworden ist.

Neben diesen radikalen Positionen, die die umgehende Abschaffung der Entwicklungszusammenarbeit fordern, gibt es auch eine ganze Reihe kritischer Standpunkte, die auf Schwächen und Fehler im System aufmerksam machen. Deren Vertreter wollen bestimmte Bereiche der Entwicklungszusammenarbeit zwar reformieren, aber nicht das Instrument als Ganzes beseitigen. Stellvertretend für diese Richtung sei hier William Easterly, ehemaliger Weltbankmitarbeiter und Ökonomieprofessor in New York, erwähnt. Er plädierte 2006 in seinem Aufsehen erregenden Buch *Wir retten die Welt zu Tode* für einen Paradigmenwechsel: Die Zeit der großen, starren Pläne zur Beseitigung der Armut sei vorbei, vielmehr gehe es um innovative, lokale Lösungen, die von den Betroffenen selbst kreiert und umgesetzt werden.

Diskussionen über das Für und Wider der Entwicklungszusammenarbeit werden oft hitzig geführt – leicht kommt man vom Hundertsten ins Tausendste, und es fällt zuweilen schwer, zwischen falschen Behauptungen und wirklich ernst zu nehmenden Argumenten zu unterscheiden. Als Praktiker der Entwicklungszusammenarbeit ist es für uns wichtig, einerseits Schwächen einzugestehen und aus Fehlern zu lernen, andererseits aber auch Stammtischparolen und verzerrte Darstellungen als solche zu erkennen und zu entkräften. Basierend auf unseren Erfahrungen aus unzähligen Gesprächen, Podiumsdiskussionen und Fortbildungen rund um das Für und Wider der Entwicklungszusammenarbeit, möchten wir im Folgenden versuchen, das Sammelsurium an Kritikpunkten gegen die Entwicklungszusammenarbeit zu sortieren, um es der Leserschaft zu erleichtern, sich eine fundierte Meinung zu bilden und, wenn es darauf ankommt, sie auch argumentieren zu können.

Bereits weiter oben haben wir das Feld der Kritikerinnen unterteilt in diejenigen, die Entwicklungszusammenarbeit an sich ablehnen und jene, die dem Instrument zwar grundsätzlich positiv gegenüber stehen, jedoch kleinere und größere Fehler in der praktischen Umsetzung bemängeln und daher für Reformen eintreten. In der erstgenannten Gruppe der radikalen EZA-Gegner unterscheiden wir folgende vier Untergruppen:

Da sind erstens die fremdenfeindlichen Argumente aus dem rechten politischen Lager, die darauf hinauslaufen, Europa könne es sich nicht leisten, auch noch Geld nach Afrika zu schicken, solange es in der eigenen Gesellschaft Arme gibt – im tagespolitischen Diskurs oft noch garniert mit nationalistischen bis rassistischen Untertönen. Zwar ist die Mehrzahl der Menschen in Europa grundsätzlich bereit, Solidarität zu zeigen, Schwächeren zu helfen und Benachteiligte zu unterstützen. Doch in Zeiten wie diesen, wo die Armutsgefährdung auch in Europa bereits bis in den Mittelstand reicht, ist gegen eine Politik, die Geld ins Ausland »verschenkt«, das doch im Inland, für die »eigenen« Armen und Benachteiligten gebraucht wird, leicht zu argumentieren.

Ohne die soziale Not in Europa kleinreden zu wollen, argumentieren wir, dass natürlich nicht die Armut der betroffenen Menschen in Europa gegen die der Menschen im globalen Süden ausgespielt werden darf. Vielmehr muss beiden Seiten geholfen werden, wobei das Ausmaß an Not im globalen Süden in Summe um ein Vielfaches dramatischer ist als in den Industrieländern. Letztendlich würden wir einen hohen Preis zu zahlen haben, wenn das weltweite Wohlstandsgefälle fortbesteht oder sich gar verschlimmert. Man denke an die negativen Auswirkungen, die extreme Armut auf die politische Stabilität oder das ökologische Gleichgewicht haben kann.

Hilfreich ist es, in solchen Situation leicht nachprüfbare Zahlen heranzuziehen: Wie hoch ist denn in Österreich das jährliche Budget für Entwicklungszusammenarbeit? Die Antwort: deutlich unter einer Milliarde Euro pro Jahr, und davon machen den größten Teil die vertraglich vereinbarten Zahlungen an den internationalen Währungsfonds, die Weltbank und die EU aus, die Österreich gar nicht selber verplanen kann. Die »gestaltbare« Hilfe, die das österreichische Außenministerium über seine eigene Agentur, die Austrian Development Agency, budgetiert und umsetzt, beträgt dagegen momentan unter 60 Millionen Euro, das ist weniger als die österreichische Parteieinförderung. Wenn Österreich eine nennenswerte Summe an Budgetmitteln für andere Zwecke freischaufeln möchte, wären laut Rechnungshof tatsächlich einige Milliarden zu mobilisieren, indem beispielsweise das teure Pensionssystem reformiert und die Verwaltungsreform, über die seit Jahrzehnten geredet wird, endlich angegangen würden. Die »Kaffeekasse« zu plündern, die das österreichische Entwicklungsbudget darstellt, bringt dagegen nicht viel.

Auf der entgegengesetzten Seite des politischen Spektrums ordnen wir, zweitens, die Gruppe der linken Revolutionsromantiker ein. Diese Gruppe ist gesamtgesellschaftlich mittlerweile relativ unbedeutend und, im Gegensatz zur extremen Rechten, keine Bedrohung für unsere Gesellschaft. Bei entwicklungspolitischen Veranstaltungen finden sich aber oft noch ein paar VertreterInnen dieser Schule. Sie haben meist zwischen den späten 1960er und den frühen 1990er Jahren des vergangenen Jahrhunderts studiert (mehrheitlich, aber nicht ausschließlich, Politikwissenschaften und/oder Soziologie) oder wurden geprägt von Leuten mit der beschriebenen akademischen Sozialisation. Wir teilen zum großen Teil die Ideale dieser Gruppe, denn es geht ihnen um Frieden, gerechte Verteilung des Wohlstands und faire Arbeitsbedingungen auf der Welt. Das Instrument der Entwicklungszusammenarbeit lehnen die radikalen VertreterInnen dieser Gruppe jedoch rundweg ab, denn EZA ist in ihren Augen reine Symptombekämpfung, welche – und das ist in ihren Augen das Schlimme – die bestehende kapitalistische Ordnung auch noch bestätigt, anstatt auf ihre Zerschlagung hin zu arbeiten. Denn ohne große revolutionäre Umwälzung, die die kapitalistischen Macht- und Besitzverhältnisse umkrempelt, werde die Wurzel allen Übels (der Ausbeutung, des Egoismus, des Imperialismus, des Rassismus, des Sexismus, des Chauvinismus – eben wirklich *allen* Übels) nicht beseitigt.

Dem halten wir entgegen, dass man nicht so tun sollte, als hätte in den letzten Jahrzehnten keine linke Revolution stattgefunden. Einige waren sogar erfolgreich – wie etwa die Beispiele Kubas und Nicaraguas zeigen – bis hin zu faktischen Verbesserungen des Zugangs zu Bildung, Gesundheit und sozialer Sicherheit für die breite Masse. Leider lässt sich jedoch aus der dokumentierten Geschichte des real existierenden Sozialismus keineswegs herleiten, dass die Zerschlagung kapitalistischer Produktionsformen auch die ihnen zugeschriebenen Übel beseitigt hätte. Vielmehr ist die Geschichte seit dem Zweiten Weltkrieg (von Stalin über Pol Pot und Ceauşescu bis Kim Jong-un, um nur einige zu nennen) voll ernüchternder Belege dafür, wie leicht es den von niederen Motiven getriebenen Machthabern auch in nicht-kapitalistischen Systemen stets gefallen ist, Menschen auszubeuten, zu erniedrigen, willkürlich einzusperren, zu foltern und an Armut und Hunger sterben zu lassen. Die »echten Linken« unter den EZA-Kritikerinnen mögen uns daher verzeihen, dass wir, bei aller bereits bekräftigter Sympathie mit ihren Idealen, die Forderung nach sozialistischer Weltrevolution spätestens seit Anfang der 1990er Jahre nicht mehr ernst nehmen können.

Zur dritten Gruppe, die die EZA lieber heute als morgen abschaffen würde, gehören dezidiert wirtschaftsliberal argumentierende – von der zweiten Gruppe gern auch als »neoliberal« titulierte – Personen, wie die bereits früher genannte Autorin Dambisa Moyo, die eine nähere Betrachtung verdient. Sie wurde in Sambia geboren, studierte in Oxford und Harvard und arbeitete anschließend für die Weltbank und für Goldman Sachs. Ihre im Jahr 2009 erschienene Streitschrift *Dead Aid* (2009) hielt sich monatelang in den Bestsellerlisten und machte die Autorin zur internationalen Größe – so wird sie vom *Times Magazin* unter den 100 einflussreichsten Persönlichkeiten geführt. In markiger Sprache und mit bekannten Argumenten geißelt sie die Entwicklungszusammenarbeit: Sie fördere Abhängigkeit und Korruption, verhindere Eigeninitiative und helfe alleinig unfähigen Regierungen, sich an der Macht zu halten. Als Vorbild für Afrika bezeichnet sie Entwicklungsdiktaturen wie Singapur oder China. Ruanda sieht sie auf dem richtigen Weg. Der ruandische Langzeitpräsident Paul Kagame lud sie umgehend ein, bezeichnete ihr Buch als »akkurate Bestandsanalyse der heutigen Entwicklungszusammenarbeit« und ließ jedem seiner Minister ein Exemplar zukommen (Whitney, 2009).

Moyo ist der Meinung, dass es zuerst ein bescheidenes Wohlstandsniveau in Entwicklungsländern geben müsse, bevor demokratische Strukturen angedacht werden sollen. Sie befindet sich damit im Einklang mit den Modernisierungstheoretikern der 1960er Jahr und ihrem Slogan »*growth first, redistribution later*«. Der chinesische Weg zeige das erfolgreich auf: Es gab rasantes Wirtschaftswachstum, die Infrastruktur wurde ebenso wie die Bildungs- und Gesundheitsversorgung ausgebaut. Doch China schaffe nicht nur im eigenen Land Großes. Auch in Afrika gelang es den Chinesen in den letzten Jahrzehnten, eine Strecke in der Länge von Kapstadt nach Kairo zu asphaltieren sowie Brücken und Bahnlinien zu bauen. Kurzum: Moyo sieht die Entwicklungszusammenarbeit als obsolet an und propagiert das chinesische Modell, gepaart mit neoliberaler Politik als Königsweg.

Ähnlich argumentiert Hans Stoisser, der als österreichischer Konsulent auf über 30 Jahre Erfahrung in Afrika südlich der Sahara zurückblickt, in seinem 2015 erschienenen Buch *Der schwarze Tiger*. Auch er argumentiert für Marktkräfte statt Almosen und charakterisiert die Entwicklungszusammenarbeit als ineffizientes, sich selbst rechtfertigendes System, dem die Anreize für Innovation und Qualitätsverbesserung fehlen.

Das Plädoyer für die Marktkräfte als relevante Faktoren für Entwicklung hat durchaus etwas für sich. Projekte, die beispielsweise kleinbäuerliche Kooperativen dabei unterstützen, ihre Produktion zu steigern, ihre Vermarktung zu verbessern, ihre Produkte für eine mögliche Exportschiene bio- oder fairtrade zertifizieren zu lassen, tun tatsächlich gut daran, sich so weit wie möglich an realen Marktbedingungen zu orientieren und keine milden Gaben zu verteilen. Wo immer möglich, sollten Zielgruppen produktiver Projekte nicht als »Bedürftige«, sondern als Wirtschaftssubjekte mit Produktions- und Kaufkraft betrachtet werden, selbst wenn diese im Vergleich zu europäischen Maßstäben klein ist. Wir argumentieren ja an verschiedenen Stellen dieses Buches, dass profitorientierte Wirtschaft nicht als Gegenpol, sondern als Ergänzung zu anderen Bereichen der nachhaltigen Entwicklung gesehen werden sollte.

Nur: Wirtschaftswachstum ist nicht gleichbedeutend mit nachhaltiger Entwicklung. Wie schon in den ersten Kapiteln (Entwicklungstheorien und Highlights der Entwicklungsdekaden) gezeigt, gab es in den letzten Jahrzehnten immer wieder in Entwicklungsländern Phasen, in denen es einerseits substanzielles Wirtschaftswachstum gab, während gleichzeitig die oft zitierte »soziale Schere« immer weiter auseinanderging. Der erzeugte Reichtum konzentrierte sich in den Händen weniger, während es breiten Bevölkerungsschichten nicht besser, sondern oftmals sogar schlechter ging. In den sogenannten Schwellenländern, die in den letzten Jahren großes Wirtschaftswachstum verzeichneten, leben zahlenmäßig mehr absolut Arme als in den *least developed countries*, also den Ländern, die in der internationalen Rangliste das geringste Pro-Kopf-Einkommen verzeichnen. Mit der alleinigen Konzentration auf die Marktkräfte bleiben Bereiche wie Bildung, Soziales, Kultur, Menschenrechte etc. außen vor. Kein Investor zahlt für diese Art von Projekten – auch in den Industrieländern nicht selbsttragend, sondern hängen von staatlichen Subventionen oder Privatspenden ab.

Wir würden der wirtschaftsliberalen Fraktion daher zugestehen, dass den Marktkräften überall dort, wo es um materielle Wertschöpfung geht, tatsächlich eine tragendere Rolle für nachhaltige Entwicklung beigemessen werden muss. Die komplette Ersetzung des aktuellen EZA-Regimes durch privatwirtschaftliche Initiative hätte jedoch für ein Konzept der ganzheitlichen Entwicklung (wie zu Beginn des Buches anhand des »Hexagons der Entwicklung« illustriert) verheerende Auswirkungen.

Die vierte Gruppierung innerhalb des Spektrums der kompromisslosen Ablehnung der Entwicklungszusammenarbeit identifiziert sich mit den *Post-Development*-Ansätzen, die wir im Theoriekapitel als letzte der großen Denkschulen im historischen Abriss der Entwicklungstheorien vorgestellt haben. Die *Post-Development*-Schule ist in sich nicht so konsistent und einheitlich, dass sie sich mit einer Handvoll typischer Argumente gegen die EZA angemessen beschreiben ließe. Um aber ein Beispiel zu geben, wie die Auseinandersetzung mit dieser Art von Ablehnung der EZA vonstattengehen kann, möchten wir uns mit der von vielen *Post-Development*-Vertreterinnen hervorgebrachten Anschuldigung befassen, Entwicklungszusammenarbeit sei eine Fortführung des Kolonialismus, die es den reichen Ländern des Nordens weiterhin erlaube, den ärmeren Ländern ihre Regeln und Verhaltensweisen zu diktieren.

Auch dieser Vorwurf kommt nicht von ungefähr. Sind es doch in vielen Projekten Expertinnen aus dem Norden, die in EZA-Projekten »Chef« spielen dürfen, zuweilen arrogant und präpotent auftreten und die Macht haben, den ihnen unterstellten lokalen Mitarbeiterinnen Vorschriften zu machen, die Förderentscheidungen zu treffen und in der Regel das letzte Wort über die Fortführung oder Beendigung eines Projekts haben.

Jedoch blendet dieses Argument einige geschichtliche Tatsachen aus: Die ungerechte Verteilung von Reichtum und Macht auf der Welt war bereits gegeben, lange bevor die ersten Entwicklungsprogramme ins Leben gerufen wurden. Seit der Kolonialzeit hat sich vieles geändert, aber noch immer sind wirtschaftliche Macht und auch formale Bildung sehr ungleich zwischen reichen und armen Ländern verteilt. Wann immer es zu Begegnungen zwischen den traditionell reicheren und mächtigeren einerseits und den benachteiligten Ländern andererseits kommt, treten diese Ungleichheiten zutage. Etwa, wenn eine französische Firma eine Niederlassung im Senegal eröffnet, hierzu gut bezahlte Führungskräfte aus Europa einfliegt, die vor Ort nicht zu bekommen sind, und die senegalischen Arbeitskräfte für einfachere Tätigkeiten einstellt. Oder wenn eine englische Universität es sich leisten kann, ihren Doktorandinnen Auslandsforschungsaufenthalte in Kenia zu ermöglichen, während kaum eine kenianische Partneruniversität die Möglichkeiten hat, einmal Projekte in England zu beforschen. Oder eben, wenn eine österreichische Organisation Entwicklungsprojekte in Nicaragua umsetzt, die mit österreichischen Steuergeldern finanziert werden und für deren Abrechnung daher die buchhalterischen und vergaberechtlichen Standards aus Österreich vorgeschrieben werden müssen.

All den genannten europäischen Akteuren – der Baufirma, der Universität wie auch der Entwicklungsorganisation – kann der Vorwurf gemacht werden, sie würden durch ihr Verhalten koloniale Strukturen fortführen. Dieser Vorwurf trifft sie aber vornehmlich deshalb, weil sie an der Schnittstelle zwischen reich und arm, zwischen begünstigt und benachteiligt, tätig sind.

Entwicklungszusammenarbeit vollzieht sich immer an dieser Schnittstelle. Die tagtägliche Konfrontation zwischen unterschiedlich mächtigen, reichen und gebildeten Personen bietet eine Vielzahl von Möglichkeiten, sich falsch zu verhalten, je nachdem, wie hoch die Latte für anständiges, nicht-neokoloniales und nicht-rassistisches Verhalten, gelegt wird. Zeit ihres Bestehens war die Entwicklungszusammenarbeit eingebettet in einen geschichtlichen Kontext, und die Leute in dieser Branche waren und sind Kinder ihrer Zeit. Über die Jahrzehnte haben sich in der Branche Standards bezüglich partnerschaftlichem Verhalten »auf Augenhöhe« mit lokalen Organisationen etabliert. Nicht umsonst ist *ownership*, also die Initiative und Selbstverantwortung der Partnerorganisation, das erste Prinzip der *Pariser Erklärung* zur Wirksamkeit der Entwicklungszusammenarbeit.

Neben diesen vier Gruppierungen, die Entwicklungszusammenarbeit grundsätzlich ablehnen, gibt es eine sehr große Gruppe an Leuten, die Entwicklungszusammenarbeit zwar grundsätzlich befürwortet, aber kritisch auf Schwachstellen und Defizite aufmerksam machen. Nennen wir sie, in Abgrenzung von den radikalen Gegnern der EZA, einmal die

EZA-Reformer. Wir selbst rechnen uns zu dieser Gruppe, die sich Gedanken über Entwicklungszusammenarbeit macht, ohne sie gleich ganz abschaffen zu wollen. Kleine Randbemerkung: Uns ist noch niemand untergekommen, der die EZA, so wie sie jetzt ist, vorbehaltlos gut findet. Die oftmals thematisierte Korruption, der Mangel an echter Partizipation, der Missbrauch der Entwicklungszusammenarbeit für politische oder wirtschaftliche Eigeninteressen von Geberstaaten oder Hilfswerken sind gängige Vorwürfe, mit denen man sich im öffentlichen Diskurs auseinandersetzen muss. Und dieser Art von Kritik ist gar nicht so einfach zu begegnen, denn sie ist, zumindest teilweise, berechtigt.

Bevor wir nun auf Mängel und Fehler der Entwicklungszusammenarbeit eingehen, an denen weiter gearbeitet werden muss, möchten wir drei grundsätzliche Denkfehler thematisieren, die sich oft einschleichen, wenn über reale oder vermeintliche Schwachstellen der EZA diskutiert wird. Diese sind:

- der immense Widerspruch zwischen den Erwartungen, die an die Entwicklungszusammenarbeit gestellt werden und den Ressourcen, die dafür tatsächlich zur Verfügung stehen – etwas weiter unten gehen wir auch auf den naiven Optimismus innerhalb der Branche ein, der diese überzogenen Erwartungen teilweise mit verschuldet hat;
- die oft pauschalisierende Darstellung der Entwicklungszusammenarbeit schlechthin, als wäre die ganze Branche ein homogener Block, der per se als gut oder schlecht beurteilt werden könnte;
- die Kritik an Schwachpunkten, die zwar in früheren Jahren der Entwicklungszusammenarbeit durchaus verbreitet waren, jedoch aufgrund der Weiterentwicklungen der Branche mittlerweile ähnlich selten geworden sind, wie die Prügelstrafe in öffentlichen Schulen oder Mobiltelefone im Ziegelsteinformat.

Wir haben nachfolgend einige der gängigsten Argumente gegen Entwicklungszusammenarbeit, mit denen wir selbst oft konfrontiert werden, zusammengetragen und kommentiert. Sie werden darin meist einen oder mehrere der oben genannten Irrtümer wiederfinden:

Argument 1: Entwicklungszusammenarbeit hat nichts gebracht, denn die Armut im globalen Süden besteht heute, nachdem über 60 Jahre lang insgesamt 2,5 Billionen US-Dollar investiert wurden, unverändert weiter.

Immer wieder werden die vermeintlich hohen Zahlungen den – ebenso vermeintlich – geringen Erfolgen in der Entwicklungszusammenarbeit gegenüber gestellt. 2,5 Billionen US-Dollar insgesamt, oder rund 130 Milliarden US-Dollar jährlich, das scheint eine immense Summe zu sein.

Ein Vergleich lässt diese Annahme aber in einem anderen Licht erscheinen: Seit der deutschen Wiedervereinigung wurde eine Summe der gleichen Größenordnung – nahezu 100 Milliarden Euro jährlich über 25 Jahre – von der ehemaligen BRD in die ehemalige DDR transferiert, um das innerdeutsche Wohlstandsgefälle auszugleichen. Von diesem Ziel ist Deutschland im Jahr 2015 allerdings noch weit entfernt. Die Arbeitslosenquote betrug 2014 in Ostdeutschland 9 %, in Westdeutschland 5,6 %. Ähnlich schlecht fällt der Vergleich zwischen West und Ost auch bezüglich Kinderarmut, Pro-Kopf-Einkommen und weiterer Sozialindikatoren aus – und das nach 25 Jahren und über 2 Billionen Euro Finanzhilfe. Dabei sollte es doch gar keine so große Sache sein, gerade einmal 45 Jahre an »Entwicklungsrückstand« Ostdeutschlands aufzuholen. Es handelte sich ja nur um 16,4 Millionen Menschen mit gutem Ausbildungsniveau, die noch dazu kulturell nicht weit weg waren von der wirtschaftlich viel höher entwickelten westdeutschen Gesellschaft.

Wenn wir nach diesem Vergleich wieder zurückblicken auf das Wohlstandsgefälle zwischen den OECD-Staaten und denjenigen Ländern, die den unteren Teil der weltweiten Wohlstandspyramide bilden, so reden wir nicht mehr von 16,4 Millionen, sondern von mehreren Milliarden betroffener Menschen. Die globalen Entwicklungsprogramme werden nicht zwischen Menschen geplant und umgesetzt, die dieselbe Muttersprache und einen gemeinsamen kulturellen Hintergrund teilen. Darüber hinaus wurden, anders als beim vergleichsweise entspannten Verlauf des Zusammenwachsens zwischen Ost- und Westdeutschland seit 1989, viele Entwicklungsfortschritte im globalen Süden schlagartig wieder durch Naturkatastrophen, kriegerische Auseinandersetzungen und negative Entwicklungen der Weltwirtschaft zunichte gemacht.

Vor diesem Hintergrund betrachtet, erscheinen die Summen, die in Entwicklungszusammenarbeit investiert wurden und werden, gar nicht mehr so groß, und die Erfolge, die damit erzielt wurden, können sich sehen lassen:

- Der Zugang zu sauberem Trinkwasser weltweit hat sich von 76 % im Jahr 1990 auf 89 % heute erhöht.
- Es konnten in Afrika durch massive Erfolge in der Bekämpfung von HIV/Aids, Malaria, Tuberkulose und anderen epidemischen Krankheiten Millionen von Leben gerettet werden.
- Der Anteil unterernährter Kinder in Afrika südlich der Sahara wurde von 40 % 1990 auf mittlerweile 23 % verringert.
- Heute besuchen in Afrika südlich der Sahara 80 % der Kinder die Volksschule, 1990 lag diese Zahl noch bei 52 %.
- Nach Berechnungen des Ökonomen Paul Collier haben die Investitionen in Entwicklungszusammenarbeit in den letzten 30 Jahren in den ärmsten Ländern rund 1 % Wirtschaftswachstum generiert.

Argument 2: Entwicklungszusammenarbeit ist ineffizient. Es gibt viel Korruption, die meisten Projekte verstauben und verrosten als »weiße Elefanten«, sobald sich die Helferinnen zurückziehen oder die Gelder nicht mehr fließen.

Keiner dieser Vorwürfe ist gänzlich unbegründet. Für jeden der genannten Punkte sind in mehr als sechs Jahrzehnten Entwicklungszusammenarbeit einige Beispiele zusammengekommen – besonders in den ersten Dekaden, als im blinden Modernisierungsglauben Großprojekte das Gebot der Stunde waren. Jedoch sind hier einige Relativierungen angebracht: Fehlplanungen und Bauruinen gibt es auch in Mitteleuropa zuhauf. Wäre der neue Berliner Flughafen in Uganda gebaut worden, so hätte das Debakel um seine noch immer nicht erfolgte Fertigstellung sicherlich eine Flut an Publikationen gegen Entwicklungszusammenarbeit nach sich gezogen.

Auch die Korruption hat die Entwicklungszusammenarbeit nicht für sich gepachtet. Dass Korruption in diesem Bereich so ein relevantes Thema ist, liegt vor allem daran, dass Entwicklungszusammenarbeit sich in Ländern abspielt, in denen Korruption vergleichsweise stärker verbreitet ist als in den OECD-Staaten. Dass jedoch Entwicklungszusammenarbeit Korruption fördert, ist ein Trugschluss, denn aus der Entwicklungszusammenarbeit kamen entscheidende Impulse, um Korruption insgesamt stärker zu thematisieren und zu bekämpfen (vgl. Das Schreckgespenst Korruption – ein Phantom, S. 109ff.).

Argument 3: Die Entwicklungshilfeindustrie bedient in erster Linie sich selbst und ist in Wirklichkeit gar nicht daran interessiert, sich überflüssig zu machen.

Eine ganze Branche lebt davon, dass es Projekte zur Armutsbekämpfung gibt. Geschätzte 100.000 gut dotierte Arbeitsplätze sichert die »Entwicklungsindustrie« weltweit, darunter etwa 10.000 Beraterinnen mit üppigen Honoraren. Und dann fließen von jedem Euro, der aus dem Norden an den globalen Süden vergeben wird, je nach Berechnungsmethode, wieder rund 40 bis 80 Cent zurück, weil neben Gehältern und Honoraren auch Fahrzeuge und andere Ausrüstungsgegenstände aus dem Norden importiert werden müssen.

So oder so ähnlich begegnet uns immer wieder das Argument vom materiellen Eigeninteresse der Entwicklungsbranche. Es gibt in der Tat einige gut bezahlte Positionen in diesem Bereich (vgl. Experten,

Freiwillige und »Entwicklungshelfer«, S. 74ff.). Was das Interesse der Beschäftigten im Entwicklungssektor am Fortbestand von Armut und Ungerechtigkeit angeht, so ziehen wir ein Parallele zu anderen Bereichen: Sind Ärztinnen wirklich daran interessiert, ihre Patienten zu heilen? Wie hoch ist das Interesse von Polizisten, dass das Verbrechen nicht weniger wird? Wie sehr freuen sich Feuerwehrleute darauf, dass mal wieder ein Wohnhaus in Flammen steht?

All diese Berufsgruppen »leben« in gewisser Weise vom Fortbestand der Probleme, für deren Bekämpfung sie bezahlt werden. Es mag einzelne schwarze Schafe geben, doch wir halten die Logik für zynisch, einem Berufsstand das Interesse an der Aufrechterhaltung von Armut und Ungerechtigkeit zu unterstellen, gegen die er anzukämpfen hat. Leider hat sich der Optimismus der EZA-Pioniere als unbegründet erwiesen: Die Bekämpfung von Armut und Ungerechtigkeit geht nicht nur im globalen Süden viel langsamer vonstatten als anfänglich erhofft. Auch die OECD Welt, so stellt sich in jüngster Zeit heraus, ist vor Verarmungstendenzen nicht so sicher, wie viele glauben möchten. Daher wird es wohl für EZA im globalen Süden noch lange Bedarf geben, ebenso wie für Strukturpolitik und wohlfahrtsstaatliche Umverteilung zwischen und in den OECD-Ländern.

Was die oft zitierten Zahlen angeht, wie viel von jedem Euro an Entwicklungsgeldern zurück ins Geberland fließt: Einerseits haben die großen öffentlichen Fördergeber in den letzten Jahren die sogenannte Lieferbindung – die Anweisung, dass Ausrüstungsgegenstände im Geberland beschafft werden sollen – weitgehend zurückgenommen.

Andererseits ist es aber auch in anderen Bereichen nicht so, dass Begünstigten nur dann geholfen ist, wenn sie die für sie bestimmten Fördermittel in bar auf die Hand bekommen. Ein Großteil der Mittel der staatlichen Wohnbauförderung landet bei Baufirmen. Ist das für die Mieterinnen einer geförderten Wohnung ein Problem? Ebenso fließt ein Großteil der staatlichen Mindestsicherung an Bäckereien, Supermärkte und andere Einzelhändler. Die Begünstigten, die dafür Brot, Kleidung und Hausrat bekommen, dürften damit nicht unzufrieden sein. Dementsprechend sinnvoll ist es in der Entwicklungszusammenarbeit, dass manchmal statt Geld Beratungsleistungen gestellt werden, oder Maschinen, die früher mehr, heute immer weniger aus westlicher Produktion stammen.

Wenngleich unsere Kommentare einige negative Kritik an der Entwicklungszusammenarbeit relativieren, so hoffen wir gleichzeitig, deutlich gemacht zu haben, wieviel Reformbedarf es in dieser Branche immer noch gibt. Und darüber hinaus existieren noch zwei weitere strukturelle Probleme, die der Entwicklungszusammenarbeit von Beginn an innewohnen und nur sehr schwer zu beheben sind.

Der naive Optimismus der Pionierjahre und das Missverhältnis zwischen Aufgaben und Ressourcen der Entwicklungszusammenarbeit

Inspiriert von der Erfolgsgeschichte des Marshallplans, mit dem das zerstörte Europa nach dem Zweiten Weltkrieg in wenigen Jahren nahezu vollständig wieder aufgebaut wurde, waren die Pioniere der Entwicklungszusammenarbeit noch in den 1960er Jahren davon überzeugt, die globale Armut mit Investitionen und Beratern aus dem Norden binnen einer Dekade beseitigen zu können. Der anfängliche Optimismus musste im Verlauf der nachfolgenden Entwicklungsdekaden einer zunehmenden Ernüchterung weichen. Um wirklich in großem Maßstab Armut und Ungerechtigkeit weltweit einzudämmen, bräuchte es nicht nur bei weitem mehr Mittel, als die Entwicklungszusammenarbeit je zur Verfügung haben wird. Selbst für diejenigen Länder, bei denen ein nennenswerter Anteil des nationalen Budgets von externen Fördergebern stammt, ist Entwicklungspolitik nur ein kleiner Einflussfaktor auf den nationalen Wohlstand. Die weitaus bedeutenden Entscheidungen, die sich auf die Entwicklung eines Landes auswirken, werden in der internationalen Agrar-, Handels- und Sicherheitspolitik gefällt

So errechnete die britische Organisation *Oxfam* 2008, dass den Ländern des globalen Südens jährlich zwar über 100 Milliarden US-Dollar an Entwicklungsgeldern zufließen, ihnen aber in etwa die gleiche Summe weggenommen wird, weil sie aufgrund der hohen Qualitätsstandards und der Marktverzerrung durch frühere Agrarförderungen für europäische Bauern keine Chance haben, mit ihren Produkten am europäischen Markt zu reüssieren (vgl. Politikkohärenz, S. 100f.). Ähnlich verhält es sich mit Praktiken zu Steuervermeidung. Hier wird davon ausgegangen, dass den Entwicklungsländern Steuereinnahmen in Höhe von rund 100 Milliarden US-Dollars pro Jahr durch Steuerflucht entgehen. Aus der Entwicklungspolitik müssen die notwendigen Impulse und Forderungen für eine gerechtere Weltordnung kommen, solange jedoch die eine Hand mehr nimmt, als die andere gibt, ist es inkorrekt, die Verantwortung für das Weiterbestehen von Armut und unterentwicklung der Entwicklungszusammenarbeit anzulasten.

Die Problematik der Qualitätssicherung in der Entwicklungszusammenarbeit

Warum verschwinden schlecht verarbeitete oder überteuerte Schuhe bald wieder vom Markt? Weil die Kundinnen, die einkaufen können, wo sie wollen, lieber diejenigen Läden frequentieren, die gute Qualität zu einem angemessenen Preis bieten. Warum werden Entwicklungsprojekte selbst dann nicht automatisch eingestellt, wenn sich große Zweifel an ihrer Sinnhaftigkeit einstellen? Weil die »Kunden«, die begünstigten Gruppen – etwa Kaffeebäuerinnen in Guatemala – bei weitem keine so direkte Rückmeldung an die »Anbieter« der Entwicklungsdienstleistungen geben können wie es in der Privatwirtschaft über die simple Kaufentscheidung möglich ist. Im Einzelhandel entscheidet die Nachfrage über das Angebot, also darüber, welche Produkte am Markt bestehen und welche bald wieder aus den Regalen verschwinden. In der Entwicklungszusammenarbeit ist das anders: Die Begünstigten können nur in den seltensten Fällen zwischen verschiedenen Projekten wählen. Auch ist es oft schwierig, diejenigen Menschen, um die es bei den Projekten geht – etwa Slumbewohner in Nairobi oder Nomaden im südlichen Äthiopien –, selbst die wichtigsten Entscheidungen treffen zu lassen. Nicht, weil das nicht gewünscht wäre, sondern weil diese Gruppen oft nicht in der Lage sind, sich zu organisieren und an den Diskussionen zu beteiligen (vgl. Partizipation – leichter gesagt als getan, S. 96ff.).

Für die Projektarbeit wurden Methoden entwickelt, um dieses Problem zu minimieren: Partizipative Arbeitsweisen, die sehr zeitintensiv sein können, werden unter schwierigen Bedingungen angewandt, um ein Maximum an Beteiligung der Bevölkerung und lokalen Partnerorganisationen zu erreichen. Trotzdem wird es in der Entwicklungszusammenarbeit nie so einfach sein wie im Einzelhandel, gute von schlechter Qualität – und zwar aus Sicht der Begünstigten – zu unterscheiden.

4. Aktuelle Herausforderungen

Kann Entwicklungspolitik Fluchtursachen bekämpfen?

Die Flüchtlingswelle, die zuerst über das Mittelmeer und zwischen dem Spätsommer 2015 und Frühling 2016 über die Balkanroute auf Europa – und hier vornehmlich Österreich, Deutschland und Schweden – zurollte, hat nicht nur die Politik überfordert, sondern auch die entwicklungspolitischen Akteure. Nach einer Schockstarre gab es erste Erklärungsversuche der Branche. Das Hauptargument ist, dass die EZA die aktuelle Flüchtlingskrise nicht verhindern konnte, denn die meisten Flüchtlinge stammen aus Kriegsgebieten und gescheiterten Staaten, in denen aufgrund der Sicherheitslage gar keine Entwicklungszusammenarbeit durchführbar ist.

Die Aufstockung der humanitären Hilfe, um Schutzsuchenden aus Kriegsgebieten ein sicheres Leben zu ermöglichen, ist das Gebot der Stunde. Genau das wurde aber viele Jahre vernachlässigt. Im Fall der Flüchtlingslager in Libanon und Jordanien wurden die jährlichen Beträge der Geberländer 2015 sogar reduziert, was, wie wir heute wissen, ein wesentlicher Fluchttreiber war.

Der Zusammenhang zwischen Entwicklungszusammenarbeit und Flucht ist jedenfalls kein einfacher und verdient eine tiefergehende Betrachtung. Beginnen wir mit den Fakten: Weltweit waren 2015 rund 60 Millionen Menschen auf der Flucht vor Krieg und Unterdrückung, das sind so viele wie seit dem Zweiten Weltkrieg nicht mehr. 86 % oder 51 Millionen Flüchtlinge leben als Binnenflüchtlinge in ihrem Heimatland oder in Auffanglagern in den Nachbarländern. Nur 14 % der

Flüchtlinge schaffen es bisher in die Industrieländer, wenngleich mit steigender Tendenz.

Die internationale Zusammenarbeit kann akute Fluchtursachen, die sich aus humanitären Krisen ergeben, etwas mildern: beginnend mit einer ausreichend dotierten humanitären Hilfe, die als Teil einer internationalen Gesamtstrategie Stabilitätskerne und sichere Zonen schafft, um den Menschen ein Überleben zu ermöglichen. Sie ist aber für sich allein kein geeignetes Instrument, um in kriegerischen Konflikten kurzfristig Fluchtursachen zu beseitigen.

Einen bemerkenswerten Beitrag zur Debatte liefert der bekannte Entwicklungsökonom Paul Collier. Er spricht sich dafür aus, alle Kriegsflüchtlinge nur in den Nachbarländern zu versorgen, damit sie nach Kriegsende ihre Heimat wieder aufbauen können.

Migranten aus Entwicklungsländern sollten gar nicht aufgenommen werden, so Collier. Denn diejenigen, die es bis Europa schaffen, sind meist gut ausgebildet – und genau diese würden in ihren Heimatländern gebraucht. Damit sie dort eine Perspektive finden, braucht es Investitionen (Collier, 2014).

Die Flucht vor dem Krieg ist das eine, aber was sagen Vertreter der EZA zur Armutsmigration? Hier wird, ganz im Sinne von Collier, argumentiert, dass mehr entwicklungspolitisches Engagement vorort nötig wäre, um den jungen, zunehmend gut ausgebildeten Menschen in Entwicklungsländern eine wirtschaftliche Perspektive im eigenen Land zu bieten.

Besorgniserregend ist besonders im Nahen Osten und weiten Teilen Afrikas der hohe Anteil an junger Bevölkerung, die auf den Arbeitsmarkt drängt, aber kaum Beschäftigungsmöglichkeiten vorfindet. In vielen Ländern machen Jugendliche und junge Erwachsene bereits 25 bis 35 % der Gesamtbevölkerung aus. Gepaart mit den immensen Einkommensunterschieden – so liegt das durchschnittliche Pro-Kopf-Einkommen in Ostafrika bei 1.570 US-Dollar im Jahr, während es sich in Deutschland auf 44.545 US-Dollar beläuft – ist dieser Umstand ein wesentlicher Treiber für Migration. Als weiterer Faktor kommt noch die Ausbildung dazu: Je besser ausgebildet, desto eher macht man sich auf den Weg nach Europa. Studien zeigen auch, dass es bereits jetzt weder die ganz Armen noch die wirklich Reichen sind, die als Migranten ihr Glück in Europa suchen, sondern junge, gut ausgebildete Menschen (Klinghorst/Sievert 2015). Aus diesen Studien könnte man schließen, dass eine erfolgreiche Entwicklungszusammenarbeit dazu beiträgt, ehemals Arme durch Bildung und Schaffung von bescheidenen Einkommensmöglichkeiten auf ein Niveau zu heben, das die Fluchtentscheidung erst ermöglicht.

Auf der anderen Seite leistet die EZA durch Investitionen in Bildung, Gesundheitsinfrastruktur sowie Friedens- und Versöhnungsarbeit einen wichtigen Beitrag, um zu verhindern, dass die echte Armutsmigration (etwa aus der Sahelzone), die heute einen kleinen Teil des Gesamtstroms ausmacht, in zehn Jahren zu einem Massenphänomen wird.

Die europäische Politik ringt zurzeit mit der Entscheidung, ob die Entwicklungszusammenarbeit als Präventivmaßnahme gegen unerwünschte Migration ausgebaut werden soll – oder genau das Gegenteil sinnvoll ist: nämlich die Mittel der Entwicklungszusammenarbeit zu kürzen und das Geld für Grenzzäune, Abschiebungen und die Integration im eigenen Land zu verwenden.

Dabei geht es nicht nur um eine ideologische Frage, sondern auch um eine strategische Festlegung: Die Entwicklungszusammenarbeit jetzt zu kürzen und die Mittel umzuschichten entspricht einer kurzfristigen Perspektive und würde unserer Ansicht nach mittel- und langfristig hohe Folgekosten mit sich bringen. Besonders die ärmste Bevölkerungsschicht wären die Leidtragenden. Funktionierende Projekte müssten eingestellt werden, die Versorgungssituation im Gesundheits- und Bildungsbereich würde sich verschlechtern und zahlreiche qualifizierte Arbeitsplätze in Entwicklungsländern gingen verloren – was kurzfristig den Migrationsdruck der gut ausgebildeten Mittelschicht erhöhen würde und mittelfristig auch zu einem Anstieg an Armutsmigranten führen würde.

Wie positionieren sich die Staaten in Europa? Schweden, das eine Quote von öffentlichen Entwicklungshilfeleistungen (*Official Development Assistance* – ODA) von 1,1 % festgelegt hat, plant innerhalb dieser Quote die Mittel für Entwicklungsprojekte empfindlich zu kürzen und das Geld für die Integration von Flüchtlingen im Land zu verwenden. Andere Länder, wie Österreich, rechnen die Kosten für Asylsuchende innerhalb der Regeln in die ODA-Mittel ein und können sich nach jahrelangem Kaputtsparen der staatlichen Entwicklungszusammenarbeit wieder über eine herzeigbare Quote freuen. Deutschland wiederum stockt seinen Entwicklungsetat mit dem Ziel, eine ODA-Quote von 0,5 % des Bruttoinlandprodukts zu erreichen, auf. Eine einheitliche Politik lässt sich in diesen bewegten Tagen also nicht ausmachen, klar ist nur, dass der Flüchtlingsstrom nach Europa mit allen verfügbaren Mitteln gedrosselt werden soll.

Dabei werden auch neue Auflagen in der bilateralen Entwicklungszusammenarbeit angedacht. Die Forderung, nur mehr die Länder zu unterstützen, die die eigenen Außengrenzen kontrollieren und abgeschobene Staatsbürger wieder zurücknehmen, wird immer lauter. Eines lässt sich aus der Entwicklung der letzten Monate schließen: Die staatliche Entwicklungszusammenarbeit wird wieder an die kurze Leine genommen und als vornehmlich politisches Instrument eingesetzt, um eigene Interessen – allen voran die Eindämmung der Migration – durchzusetzen.

Entwicklungszusammenarbeit und Klimawandel

Das *Kyoto-Protokoll* markiert den Beginn der globalen Klimaschutzanstrengung. 1997 einigte sich die Staatengemeinschaft im japanischen Kyoto erstmals auf völkerrechtlich verbindliche Zielwerte für den Ausstoß von Treibhausgasen. Dabei sollten die Industrieländer ihre CO_2-Emission schrittweise unter das Niveau von 1990 senken.

Das Abkommen trat 2005 in Kraft, bis zum Jahr 2011 hatten es 191 Staaten ratifiziert. Die Vereinigten Staaten von Amerika als Hauptemittent waren jedoch nicht darunter. Ein Kernpunkt des Protokolls ist der Handel mit Emissionszertifikaten. Das bedeutet, dass Industrieländer, die ihre Emissionen nicht reduzieren, von Entwicklungsländern, die ihre Quote nicht ausschöpfen, »Verschmutzungszertifikate« kaufen konnten. Im Gegenzug dazu sollten die Entwicklungsländer diese Einnahmen in Projekte zum Klimaschutz investieren.

So entstand ein schwunghafter und wenig transparenter Handel mit Zertifikaten, der zwar Geld aus dem Norden in den Süden bewegte, aber nicht zu einer Wende im Klimaschutz führte.

In mehreren Konferenzen bemühten sich die Verhandler vergebens um ein Nachfolgeprotokoll. Die Konferenz von Kopenhagen im Jahr 2009, die vor den Augen der Weltöffentlichkeit grandios scheiterte, steht symptomatisch für diese Zeit.

Während der globale Klimawandel immer sichtbarer und messbarer wurde, zankte sich die Staatengemeinschaft weiter um die Verteilung der Lasten. Die Entwicklungs- und Schwellenländer führten ihr Recht auf Entwicklung – und damit auf Emissionen – ins Treffen, während die Industrieländer nicht die gesamte Finanzierung und Einsparung alleine stemmen wollten. Das war die Ausgangssituation der mit Spannung erwarteten Klimakonferenz im Jahr 2015 in Paris.

Die gestiegene öffentliche Aufmerksamkeit für den Klimawandel und der Beschluss der *nachhaltigen Entwicklungsziele*, in denen der Klimaschutz eine zentrale Position einnimmt, haben jedoch im Vorfeld eine positive Dynamik erzeugt und den Boden für die Konferenz in Paris bereitet.

Dazu trug auch die Umweltenzyklika *Laudato Si'* von Papst Franziskus bei, die rasch Verbreitung fand. Darin spricht sich der Papst für eine ökologische Umkehr aus. Drastisch beschreibt er die Umweltverschmutzung, den Verlust der biologischen Vielfalt und den durch Menschen herbeigeführten Klimawandel. Er fordert entschlossene Maßnahmen statt des Konferenzgeplänkels.

Diese Dynamik dürfte ihre Wirkung nicht verfehlt haben: Die Weltklimakonferenz in Paris brachte ein Ergebnis, das von den wenigsten erwartet wurde.

Die Verhandlerinnen einigten sich darauf, dass die Erderwärmung auf unter plus 2 Grad Celsius im Vergleich zum vorindustriellen Niveau – und wenn möglich auf unter 1,5 Grad Celsius – begrenzt werden muss. Dazu müssen die Nettotreibgasemissionen zwischen 2045 und 2060 auf Null zurückgefahren werden.

Um besonders den Entwicklungs- und Schwellenländern ab Inkrafttreten des Abkommens im Jahr 2020 die Umstellung auf erneuerbare Energien zu erleichtern, wird ein Klimaschutzfonds eingerichtet, der jährlich mit 100 Milliarden US-Dollar dotiert sein soll. Das Abkommen ist völkerrechtlich bindend, eine Missachtung kann aber nicht wirklich bestraft werden.

Ab dem Jahr 2023 sollen die nationalen Pläne zu Verringerung der Emissionen alle fünf Jahre überprüft und Hand in Hand mit dem technologischen Fortschritt bei erneuerbaren Energien verschärft werden. Schäden und Verluste, die im Zuge der Erderwärmung besonders arme Länder treffen könnten, sollen abgefedert werden, ein Rechtsanspruch darauf besteht allerdings nicht.

Dennoch ist die Verteilung der Verantwortung für die Emissionsreduktion klar geregelt: Die Industriestaaten sollen weiterhin die Hauptverantwortung tragen, alle anderen sollen ebenfalls Klimaschutz betreiben, jedoch abhängig von ihren Möglichkeiten und ihrem Entwicklungsstand.

Die geplanten Maßnahmen zur Umsetzung lassen sich in vier Bereiche bündeln:

1. Energieeffizienz und Einsparungen nutzen
2. klimaneutrale Energien ausbauen
3. an der Preis- und Steuerschraube drehen
4. Bewusstsein schaffen.

Die Ergebnisse des Gipfels wurden von den meisten Politikern und Umweltverbänden als Durchbruch in der Klimapolitik bewertet. Auch wenn viele Fragen in der konkreten Umsetzung offen bleiben und die Nagelprobe erst 2020 ansteht, muss das Ergebnis als großer Schritt in die richtige Richtung gesehen werden.

Die Auswirkungen auf die EZA werden jedenfalls groß sein: Projekte zum Klimaschutz werden massiv ausgeweitet werden, und besonders im Bereich der erneuerbaren Energien werden sich Förderungen vervielfachen. Auch Projekte in anderen Sektoren werden sich an dem neuen Paradigma orientieren müssen: Bei Bauprojekten wird die Frage nach der Resilienz, also der Widerstandsfähigkeit bei Extremwetterereignissen, beantwortet werden müssen, und Bildungsprojekte werden zunehmend Energieeffizienz, Umweltschutz und die Nutzung erneuerbarer Energien beinhalten, um nur zwei Beispiele zu nennen. Die Prophezeiung, dass die Entwicklungszusammenarbeit ganz in den neuen Klima- und Energieprogrammen aufgehen wird, teilen wir jedoch nicht.

Das neue Paradigma der globalen Ziele für nachhaltige Entwicklung 2016 bis 2030

Die *Millenniums-Entwicklungsziele* (MDG) wurden noch hinter verschlossenen Türen von ausgewählten Expertinnen und Experten ausgearbeitet. Historisch betrachtet, ist es in erster Linie der Überzeugungskraft und dem Verhandlungsgeschick des damaligen Generalsekretärs der Vereinten Nationen, Kofi Annan, zu verdanken, dass die MDG im Jahr 2000 von den Staats- und Regierungschefs einstimmig beschlossen wurden.

15 Jahre später wäre so ein Husarenstück nicht mehr möglich gewesen, denn die Akteurslandschaft hat sich tiefgreifend gewandelt. Selbstbewusste Schwellenländer, allen voran die BRICS-Staaten, philanthropische Stiftungen, multinationale Unternehmen und die Zivilgesellschaft wollten bei der Formulierung der neuen Entwicklungsziele, die von 2016–2030 gelten sollten, ein gewichtiges Wörtchen mitreden. Und so kam es auch: In einem breit angelegten Prozess, der drei Jahre dauerte und zehntausende Akteure zur Mitarbeit einlud, durfte jeder seine Themen und Anliegen einbringen. Im Laufe der Verhandlungen kristallisierten sich die globalen Ziele für nachhaltige Entwicklung oder *Sustainable Development Goals* – kurz SDG genannt – mit ihren 17 Themenfeldern und 169 Entwicklungszielen heraus.

Nach der Beschlussfassung bei der Vollversammlung der Vereinten Nationen jubelten viele über eine Agenda »von allen für alle«. Kritiker wiederum sprachen von einem unverbindlichen Wunschzettel voller Träumereien, der ob seiner Komplexität und Widersprüchlichkeit weder kommunizierbar noch umsetzbar sei.

Die Ziele umfassen tatsächlich alle großen Politikfelder – Soziales, Wirtschaft und Umwelt – und gehen weit über das hinaus, was bis dato unter Entwicklungspolitik verstanden wurde. Denn sie thematisieren neben den klassischen Entwicklungsthemen, wie der Bekämpfung der

Armut und des Hungers, auch den Schutz der Ökosysteme, die globale Vollbeschäftigung, den technologischen Fortschritt, einen umfassenden Klimaschutz und ein geändertes Konsumverhalten, um nur einige zu nennen (vgl. Anhang – Die 17 nachhaltigen Entwicklungsziele 2016 bis 2030, S.169f.).

Doch nicht nur die Inhalte der SDG sind neu und viel weiter gefasst als die MDG. Auch in der Umsetzung beschreiten die SDG Neuland. Sie gelten nämlich nicht nur für die Entwicklungsländer, sondern für alle Staaten.

Die ehemalige UN-Sonderbeauftragte für die SDG, Amina Mohammed, bringt es auf den Punkt: »Es geht nicht mehr darum, Entwicklungsziele für andere Länder zu beschließen – es geht darum, sich selbst im Spiegel zu betrachten.«

Was sieht nun ein Land wie Österreich, wenn es in den Spiegel blickt? Es sieht beispielsweise die Menschen, die hierzulande unter der Armutsgrenze leben. Im Sinne des ersten Ziels der »Armutsbekämpfung« bedeutet das festzuschreiben, wie viele Menschen jedes Jahr hierzulande über die Armutsgrenze gehievt werden sollen. Oder beim Ziel »Gleichberechtigung« Maßnahmen zu setzen, wie der Anteil von Frauen in Führungspositionen nachhaltig gesteigert werden kann.

Der Ball bei der Umsetzung liegt also nicht mehr bei den Entwicklungsländern allein, sondern auch bei allen Schwellen- und Industrieländern. Jede Regierung ist somit gefordert, ihren nationalen Aktionsplan zur Umsetzung der Ziele im eigenen Land vorzulegen – und dessen Umsetzung zu überprüfen.

Diese Aktionspläne werden je nach Land sehr unterschiedlich aussehen. In Entwicklungsländern werden die sozialen Ziele wie Armuts- und Hungerbekämpfung, Ausbau der Bildungs- und Gesundheitssysteme und der Zugang zu sauberem Wasser im Zentrum stehen. Bei den Industrieländern liegen die Prioritäten anders.

So hat Deutschland überlegt, welche Ziele die größte Hebelwirkung bei der Umsetzung entfalten – und dabei die *Big Five* identifiziert:

- Bekämpfung des Klimawandels
- Ausbau erneuerbarer Energie
- Förderung von nachhaltigem Konsum und Produktion
- Schutz der Meere und der Küsten
- Reduzierung von Ungleichheiten innerhalb Deutschlands und zwischen den Ländern.

Die deutsche Bundesregierung und die Landesregierungen bis hin zu den Bezirken und Gemeinden werden sich auf diese fünf Ziele konzentrieren. Schweden ist noch einen Schritt weiter gegangen und hat bereits die geltenden Gesetze auf ihre SDG-Tauglichkeit überprüft. Andere Länder wiederum geben sich zurückhaltend oder lehnen – wie Großbritannien – die Umsetzung der SDG im eigenen Land rundweg ab.

Eine offene Frage ist also die Verbindlichkeit und die Finanzierung der Ziele, besonders in den Entwicklungsländern. Die Kosten für die Umsetzung werden von den Vereinten Nationen mit rund 4 % des jährlichen globalen Bruttonationaleinkommens beziffert. Wer dafür aufkommt, bleibt vage; man hofft auf ein höheres Steueraufkommen in den Entwicklungsländern selbst und die Beteiligung der Privatwirtschaft. Besonders multinationale Unternehmen werden hier in der Pflicht gesehen, zumal viele von ihnen im Verhandlungsprozess zur Ausarbeitung der SDG beteiligt waren. Einige haben sich bereits deklariert. So hat beispielsweise Philipps unter den 17 Zielen drei – darunter den Ausbau der Energieversorgung – ausgewählt, an deren Umsetzung und Finanzierung man sich beteiligen will.

Welche Auswirkungen hat das neue Entwicklungsparadigma auf die klassische Entwicklungszuammenarbeit? Der universelle Ansatz der SDG forciert die Beendigung der traditionellen Entwicklungszusammenarbeit zwischen Nord und Süd. Denn die SDG wollen eine neue Form der internationalen Zusammenarbeit schaffen, die alle gleichermaßen bei der Bekämpfung von globalen Problemen wie Klimawandel, Terror oder Verschmutzung der Weltmeere in die Pflicht nimmt.

Wir sind daher der Überzeugung, dass die SDG im Lauf der nächsten 15 Jahre die EZA-Praxis tiefgehend verändern werden. Selbst der Begriff der Entwicklungszusammenarbeit ist seit Beschlussfassung der SDG obsolet geworden – denn in der neuen Diktion gibt es keinen reichen Norden und armen Süden mehr, sondern eine Weltgemeinschaft, die globale Probleme gemeinsam lösen muss.

EZA wird durch »internationale Zusammenarbeit« ersetzt werden, und damit definiert sich auch die Rolle der traditionellen entwicklungspolitischen Akteure neu. Diese sollten sich zunehmend auf soziale Themen, Nischen und Krisenregionen konzentrieren. Das Erfahrungswissen und die Methoden der EZA aber sollten auch in Zukunft eine zentrale Rolle in der Umsetzung der SDG spielen und den neuen Akteuren wie Unternehmen und philanthropischen Stiftungen bei der Umsetzung ihrer Maßnahmen zugutekommen.

Ob die unübersichtlichen globalen Ziele eine ähnliche Wirkmacht wie die vergleichsweise konkreten Millenniumsziele entfalten werden, bleibt abzuwarten. Auf alle Fälle kann das nur gelingen, wenn ihre Befürworter es bald schaffen, die »Geschichte der Entwicklung« neu und überzeugend zu erzählen. Ohne die sattsam bekannten Armuts- und Elendskampagnen der Vergangenheit – und mit neuen Botschaftern aus der Mitte der Gesellschaft.

5. Wie lange braucht es noch Entwicklungszusammenarbeit? Und was kommt danach?

In der fachlichen Diskussion haben sich in den letzten Jahren Begriffe wie *beyond aid* (jenseits der Hilfe) und *Post-Development* (Nach der Entwicklung) etabliert. Über das Ende der Entwicklungszusammenarbeit wird gesprochen, seit es sie gibt. Viele ihrer Befürworter gehen davon aus, dass die Welt durch Entwicklungszusammenarbeit besser wird, dass Armut vermindert und Wohlstandsunterschiede ausgeglichen werden können. Wenn diese Ziele einmal erreicht sind, hat die Entwicklungszusammenarbeit ihren Zweck erfüllt und kann beendet werden.

Die Kritikerinnen wiederum fordern die möglichst baldige Einstellung der Entwicklungszusammenarbeit, denn sie sehen sie eher als Teil des Problems denn als Lösung. In einem sind sich die radikalen Kritiker mit den begeisterten Befürwortern also einig: Das Instrument hat ein Ablaufdatum.

Auch Praktiker wie wir beschäftigen sich mit der Frage, in welche Richtung sich die Entwicklungszusammenarbeit weiterentwickeln kann und soll. Einige unserer Überlegungen sind aus den bisherigen Ausführungen leicht abzuleiten und decken sich mit Argumenten, die in Fachkreisen diskutiert werden. Doch möchten wir auf den folgenden Seiten auch einige unorthodoxe Ideen präsentieren, die wir so noch nicht gelesen oder gehört haben und mit denen wir hoffen, die Debatte über die internationale Zusammenarbeit der Zukunft bereichern zu können.

Internationale Zusammenarbeit braucht realistische Ziele

Das Instrumentarium der Entwicklungszusammenarbeit ist zwar durchaus verbesserungsfähig, jedoch ist es weniger das Werkzeug als die Zielsetzung, die nicht passt. Aus heutiger Sicht wird der naive Optimismus belächelt, mit dem sich die Modernisierungstheoretiker der 1960er Jahre ernsthaft vorgenommen hatten, Armut und Ungerechtigkeit auf der Welt binnen einer Dekade zu beenden. Anhand des Vergleichs mit den Summen, die Deutschland nach dem Fall der Berliner Mauer aufwandte, um die Unterschiede zwischen Ost und West auszugleichen, haben wir gezeigt, wie unterdimensioniert das Werkzeug »Entwicklungszusammenarbeit« ist, um an den großen Schrauben des internationalen Wohlstandsgefälles zu drehen.

Und unverhältnismäßig sind nicht nur die verfügbaren Ressourcen im Vergleich zur Größe der Aufgabe. Es geht schließlich nicht nur darum, die notwendigen Mittel aufzubringen. Die Frage, wie diese am sinnvollsten eingesetzt werden, ist ebenfalls alles andere als geklärt. Auch den wohlhabenden Ländern in Europa und Nordamerika ist es bis dato nicht gelungen, in der eigenen Gesellschaft Armut und soziale Ausgrenzung ganz auszumerzen. Im Gegenteil: In den letzten Jahrzehnten haben sich auch in den Industrieländern die sozialen Unterschiede vergrößert. Die Zahl der Millionäre nimmt zu, gleichzeitig sind immer mehr Menschen von Armut bedroht. Von einem Masterplan mit gemeinsam festgelegten Strategien, wie denn nachhaltige Entwicklung im globalen Maßstab tatsächlich zu bewerkstelligen wäre, ist die Menschheit im Moment noch weiter entfernt als etwa von verbindlichen Zielvereinbarungen zur Reduktion der Treibhausgasemissionen.

Damit die Entwicklungszusammenarbeit in Zukunft nicht die gleichen Enttäuschungen hervorruft wie in der Vergangenheit, ist unserer Ansicht nach eine wichtige Voraussetzung, dass keine unerfüllbaren Erwartungen mehr an sie gestellt werden. Dass Entwicklungszusammenarbeit alleine Armut und Ungerechtigkeit auf der Welt nicht beseitigen wird können, heißt aber nicht, dass von ihr nicht wichtige Impulse kommen und die Armut von Millionen Menschen jedes Jahr verringert wird.

Internationale Zusammenarbeit ist eine gemeinsame Anstrengung

Bis zur Jahrtausendwende war die Sache klar: Es gibt den reichen Norden und den armen Süden. Die Mittel der Entwicklungszusammenarbeit fließen vom Geber zum Empfänger. Die Akteure waren schnell genannt: Staaten, internationale Organisationen, NRO, Kirchen und Einzelpersonen. Dieses Bild hat sich über die Jahrzehnte verfestigt, ist aber längst in Auflösung begriffen.

Das wurde spätestens 2011 klar. In jenem Jahr fand eine Konferenz in Busan/Südkorea statt, die als Meilenstein in die Geschichte der Entwicklungszusammenarbeit einging. Rund 3.000 Delegierte diskutierten, wie Entwicklungszusammenarbeit wirkungsvoller gestaltet werden kann. Dabei wurde klar, dass das alte Nord-Süd-Denken nicht mehr zeitgemäß ist und Entwicklung kein Problem des Südens, sondern eine globale Herausforderung ist.

Auch die Akteurslandschaft hat sich verändert. Mittlerweile sind ehemalige Empfängerländer wie Indien, China, Brasilien oder die Türkei zu sogenannten neuen Geberländern aufgestiegen. Daneben spielen Stiftungen wie die *Bill & Melinda Gates Foundation* eine gewichtige Rolle im Konzert der Geber. Die große Neuigkeit bei dieser Konferenz war aber die Anerkennung der privaten Unternehmen als zentrale Akteure für Entwicklung. Auf weitere Veränderungen im System der Entwicklungsfinanzierung haben wir schon im Kapitel »Die Geber – internationale Organisationen, Staaten, Kirchen, Stiftungen, Hilfswerke und Einzelkämpfer« (vgl. S. 44ff.) hingewiesen. Die Einbeziehung der neuen Geber und besonders der privaten Unternehmen ist unserer Meinung nach ein richtiger Schritt, der jedoch insbesondere von NRO kritisch kommentiert wird, weil sie Kommerzialisierung und mangelnde öffentliche Kontrolle befürchten.

Nachhaltige Entwicklung ist nicht das Gegenteil profitorientierter Wirtschaft, sondern ihr sinnvolles Regulativ

Entwicklungszusammenarbeit wurde lange als Gegenpol zur Privatwirtschaft gesehen. Die Vorbehalte basisnaher NRO gegenüber profitorientierten Unternehmen speisen sich aus den Verhalten jener multinationaler Konzerne, die sich das prekäre Arbeitsrecht, die schwachen Umweltschutzauflagen und die unzureichende staatliche Steuerpolitik, die in vielen Ländern des globalen Südens gang und gäbe sind, zunutze machen, um höhere Profite zu erzielen. Diese traditionell wirtschaftsfeindliche Haltung kommt also nicht von ungefähr. Noch heute wollen viele entwicklungspolitisch Engagierte etwa von Wirtschaftspartnerschaften nichts wissen und werfen diese in einen Topf mit Freihandelsabkommen, Wasserprivatisierung und anderen wirtschaftsliberalen Auswüchsen.

Auch wir wollen die Machenschaften einiger multinationaler Konzerne, die mit ihrer umfassenden PR-Macht die Verbraucher manipulieren, Regierungen erpressen und Umwelt- und Sozialstandards unterlaufen, nicht verteidigen. Jedoch sind wir der Meinung, dass solche Unternehmen nur für einen kleinen Ausschnitt im Themenspektrum Wirtschaft und Entwicklung stehen.

Unternehmerisches Denken ist zentral für die wirtschaftliche Entwicklung und die Schaffung von Wohlstand, wie bescheiden er auch sein mag: Kleinbäuerinnen im globalen Süden müssen profitorientiert denken, um ihren Lebensunterhalt bestreiten zu können. Und sie tun dies auch. Wir haben in unserer Arbeitserfahrung einige Projekte kennengelernt, die darauf abzielten, Arbeitsplätze und Einkommen zu schaffen, jedoch mangels unternehmerischen Sachverstands scheiterten. Projekte sind nachhaltig, wenn sie zum Selbstläufer werden, wenn die Investitionen und Strukturen, die durch ein Entwicklungsprojekt angestoßen wurden (etwa verbesserte Produktionsmethoden oder eine effizientere Vermarktungsstruktur bei einer Kooperative) auch unter realen Marktbedingungen bestehen können. Entwicklungsfinanzierungen im produktiven Bereich machen Sinn als Anschub, als Katalysator, aber es bringt wenig, etwa eine Produktionsgenossenschaft in Nicaragua dauerhaft von einem Entwicklungsprojekt aus Österreich abhängig zu machen, wenn ihr Kerngeschäft zu Marktbedingungen nicht rentabel ist.

Als Beispiel für eine erfolgreiche Anschubfinanzierung kann man ein Projekt in Nicaragua zur biologischen Kakaoproduktion und dessen fairer Vermarktung nennen. Ein namhafter österreichischer Schokoladeproduzent wollte fair gehandelten und zertifizierten Kakao, eine österreichische Entwicklungsorganisation stellte die Verbindung mit Kakaoproduzentinnen, die sie als langjährige Kooperationspartner kannte, her und unterstützte die Kooperativen im aufwändigen internationalen Zertifizierungsprozess, in Organisationsentwicklung und Qualitätssicherung. Die staatliche österreichische Entwicklungszusammenarbeit unterstützte diese Wirtschaftspartnerschaft mit 50 % der Projektkosten. Die Kooperation war zwar nicht frei von Problemen und Hindernissen, jedoch wurden die wichtigsten Ziele erreicht: Die Bauernfamilien konnten ihr Einkommen substanziell erhöhen, ihre Organisationsstruktur verbessern und die Qualität ihres Produkts auf das Niveau des europäischen Absatzmarktes steigern.

Es gibt im globalen Norden viele weitere Unternehmerinnen mit sozialem Gewissen. Viele Hilfswerke erhalten ihre Mittel auch von Unternehmen, die einen Teil ihres Gewinns für eine gute Sache spenden wollen. Darunter sind sicher einige, für die dieses soziale Engagement eine reine Prestigesache ist, ein Feigenblatt für ihre ansonsten wenig sozialen Aktivitäten. Hier liegt es an den Hilfswerken, gut zu überlegen, von wem man Geld nimmt und von wem nicht. Wir haben eine ganze Reihe an Unternehmen kennengelernt, die auf dem Markt unter Einhaltung aller sozialen, ökologischen und rechtlichen Standards erfolgreich sind.

Unserer Meinung nach kann Entwicklungszusammenarbeit die produktiven Kräfte der profitorientierten Privatwirtschaft nicht ersetzen und sollte dies auch nicht tun. Aber die Entwicklungszusammenarbeit kann Orientierungen und Leitlinien anbieten, wie nachhaltiges und faires Wirtschaften aussehen kann. Die Erfolgsgeschichte von *Fair Trade* ist ein anschauliches Beispiel dafür.

Maßgeschneiderte Innovationen für den Süden

Die Idee, Entwicklungsländer mit moderner Technik zu beglücken, ist so alt wie die Entwicklungszusammenarbeit selbst. Viele solcher Projekte sind gescheitert, weil die angebotenen Produkte entweder nicht den Bedürfnissen der Menschen entsprachen, zu wartungsintensiv waren oder in der rauen Wirklichkeit nicht wie vorgesehen funktionierten.

In den letzten Jahren gibt es im globalen Süden aber Veränderungen, die der Privatwirtschaft ganz neue Perspektiven bieten. Die wirtschaftliche Entwicklung in den Schwellenländern und einigen aufstrebenden Entwicklungsländern hat deren Bevölkerung, die früher als Bittsteller gesehen wurde, als Konsumentinnen interessant gemacht. Es gibt mittlerweile im globalen Süden immer mehr Menschen, die nicht nur 1 oder 2 US-Dollar pro Tag zur Verfügung haben, sondern 4 bis 10 US-Dollar. Diese etwas kaufkräftigere Schicht kann und will sich etwas leisten: Handys, eine einfache Solarbeleuchtung, gute Schulen, eine qualitätsvolle Gesundheitsversorgung, einen Kühlschrank etc. Diese Kunden im globalen Süden wollen aber weder unsere Restposten noch High-Tech-Produkte zu westlichen Preisen. Sie wollen günstige, leistungsfähige und robuste Geräte, die speziell für ihre Bedürfnisse entwickelt wurden. Genau hier liegen die Chance und gleichzeitig der Beitrag der Privatwirtschaft. Den Markt der Armen zu erschließen ist nicht einfach, das Risiko ist hoch, die Margen gering und Gewinne nur über die Masse zu erzielen. Der Aufbau von funktionierenden Vertriebs- und Wartungsnetzen in Slums oder schlecht erschlossenen ländlichen Regionen braucht einen langen Atem und neue Vertriebsmodelle. Darüber hinaus verspricht das Geschäft mit den Armen wenig Prestige.

Doch es gibt eine wachsende Zahl von Unternehmern, die sich diesen Herausforderungen stellen und maßgeschneiderte Produkte entwickeln. Das Zauberwort dabei heißt *frugal innovation* (sparsame Innovation). Beispiele für solche Produkte sind Ultraschall- und EKG-Geräte, die für weniger als 1.000 Euro zu haben und einfach zu bedienen sind, transportable Kühlschränke um 30 Euro oder eine App, mit der man per Smartphone Augen auf grauen Star hin untersuchen kann. Mobiltelephone sind in weiten Teilen Afrikas das prägnanteste Beispiel dafür, wie sich eine arme Gesellschaft Innovation zunutze machen kann. Während im Westen das Smartphone in erster Linie der Kommunikation und Informationsgewinnung dient, ersetzt es in Afrika auch das Bankkonto. Geld wird mittels SMS-Überweisung quer durchs Land geschickt – denn das Mobilfunknetz funktioniert in den meisten Ländern einwandfrei. Wo früher der Busfahrer als Nebengeschäft gegen Provision Geldkuverts aus der Stadt in die Dörfer transportierte, reicht heute eine SMS, um im entlegensten Dorf das Geld Minuten später in bar ausbezahlt zu bekommen. Wie sehr dieser Boom die wirtschaftliche

Entwicklung in ländlichen Regionen beflügeln wird, lässt sich noch nicht abschätzen.

Innovationen passieren aber auch im Energiesektor. In vielen Ländern Afrikas gibt es außerhalb der Hauptstadt kein funktionierendes Festnetz oder Stromnetz. Was früher als großes Entwicklungshemmnis gesehen wurde, ist heute keines mehr. Ganz im Gegenteil: es ist eine Chance. In der Energieversorgung wird analog zum Mobilfunk an dezentralen, autonomen Lösungen gearbeitet. Leistungsfähige Solarpanelle, Kleinwasserkraftwerke oder die Nutzung von Biomasse – die Technik wird zunehmend besser und die Lösungen werden immer einfacher und bedienungsfreundlicher. Mit anderen Worten: Viele Länder überspringen teure und wartungsintensive Infrastrukturen, die es im Westen gibt, aber technisch bereits längst überholt sind – so wie das Festnetz in Europa – und schaffen damit neue Entwicklungsperspektiven.

Für eine neue Fehlerkultur

In der Entwicklungszusammenarbeit tummelt sich eine Vielzahl von Akteuren mit sehr unterschiedlichen Motivationen, Qualitätsansprüchen und Erfolgsquoten. Entwicklungszusammenarbeit per se als gut oder schlecht zu klassifizieren, sie als Ganzes ausbauen oder reduzieren zu wollen, geht an der tatsächlichen Problematik vorbei. Selbst die Programme einzelner NRO oder Geberstaaten beinhalten oft gleichzeitig nachhaltige und innovative Elemente, aber auch Fehlentwicklung, die thematisiert und überwunden werden müssen.

In der Entwicklungszusammenarbeit gibt es (wie in allen Politikfeldern) natürlich immer Raum für Verbesserungen, und zwar nicht nur bei den Inhalten, den Methoden und den Instrumenten, sondern auch in der Zielformulierung und den Umsetzungsstrukturen. In diesem Buch ist es uns ein Anliegen, sowohl die Verdienste und die Qualitätsstandards als auch die zentralen Systemfehler zu beleuchten. Erfolg ist fast immer das Resultat aus Fehlern, aus denen gelernt wurde. Wir plädieren dafür, sorgfältig zu analysieren, welche Erfolgsgeschichten und Flops es gab, um daraus zu lernen. Dazu müssen aber die Geber eine Fehlerkultur entwickeln, an der es heute meist mangelt.

Die Option »die Armen in Ruhe zu lassen«, für die einige kritische Entwicklungsforscherinnen in erstaunlicher Einigkeit mit der extremen politischen Rechten plädieren, existiert für uns nicht, denn wir können angesichts der extremen Ungerechtigkeit auf der Welt nicht die Hände in den Schoß legen, Verantwortung und Solidarität ignorieren und darauf vertrauen, dass sich alles von selbst regelt.

Unser Bild von Entwicklungszusammenarbeit ist daher nicht das eines Zuges, der in die falsche Richtung fährt und mit aller Kraft gestoppt werden muss. Vielmehr erscheint uns die Entwicklungszuammenarbeit wie ein Garten, in dem seit seinem Bestehen aufgrund mangelhafter Pflege das Unkraut wuchert, wo jedoch auch einige sehr ertragreiche Sträucher stehen und mancherorts wunderschöne Blumen blühen. Es wäre falsch, die Gärtner so weitermachen zu lassen wie bisher, aber noch schlimmer wäre es, den Garten einfach aufzugeben. Stattdessen sollte das Unkraut gejätet, der Zaun ausgebessert und die Bewässerungsanlage überholt werden. Und die Gärtner dürfen keine Angst haben, gleich entlassen zu werden, wenn sie ihre Ernteziele nicht erreicht haben oder andere Fehler eingestehen müssen. Vielmehr sollten sie davon überzeugt werden, dass der Garten schöner und produktiver wird, je offener über Probleme und Scheitern gesprochen werden kann.

Entwicklungszusammenarbeit kann nicht einfach abgeschafft werden

Wir haben zu Beginn dieses Kapitels die Frage gestellt, ob die Entwicklungszusammenarbeit jemals ganz beendet werden kann. Jetzt verändern wir die Fragestellung: Was genau an der Entwicklungszusammenarbeit kann überhaupt abgeschafft werden? Ganz einfach betrachtet, verfügt die Entwicklungszusammenarbeit im Wesentlichen über zwei Instrumente. Zum einen bedient sie sich des Instruments der personellen Zusammenarbeit, also der Entsendung von Menschen, die andere Menschen oder Organisationen im globalen Süden mit ihrem Spezialwissen unterstützen. Zum anderen stützt sie sich auf Geld, das in Form von Zuschüssen oder vergünstigten Krediten zur Verfügung gestellt wird, damit Gruppen, Vereine oder Gebietskörperschaften im globalen Süden Projekte oder Investitionen finanzieren können, für die sie selbst nicht die notwendigen Mittel hätten.

Beide Instrumente sind auch außerhalb der Entwicklungszusammenarbeit anzutreffen. Sowohl Beratung als auch Kreditfinanzierungen sind überall gang und gäbe. Der große Unterschied zwischen Beratungen und Finanzierungen innerhalb und außerhalb der Entwicklungszusammenarbeit besteht daher nicht darin, was getan wird, sondern darin, wer dafür bezahlt. In der Wirtschaft zahlt der Kunde – also der Empfänger der Leistung –, in der Entwicklungszusammenarbeit jedoch der Geber.

Es ist das Subventionsprinzip, das die Entwicklungszusammenarbeit grundsätzlich von den üblichen Tauschbeziehungen zu Marktkonditionen unterscheidet. Dieses Subventionsprinzip produziert zwei Spannungsfelder: Erstens schafft es eine hierarchische Beziehung zwischen Geber und Empfänger, die unterschiedlich demütigend ausfallen kann, je nachdem, wie partnerschaftlich oder willkürlich diese Beziehung vor allem seitens des Gebers gestaltet und gelebt wird. Zweitens verursacht das Subventionsprinzip das Problem der Qualitätssicherung, da die Begünstigten in der Entwicklungszusammenarbeit keine direkte Rückmeldung auf die angebotenen Leistungen geben können (vgl. Die Problematik der Qualitätssicherung in der Entwicklungszusammenarbeit, S. 131f.).

Eine radikale Lösung dieses Problems läge daher nach Ansicht vieler in der Beendigung der Entwicklungszusammenarbeit. So gäbe es keine gedemütigten Bittsteller und keine Probleme mehr mit Qualitätssicherung bei Geschäften, bei denen Auftraggeber und Endverbraucher nicht dieselben sind.

Nur: Auch das Subventionsprinzip ist keine Erfindung der Entwicklungszusammenarbeit. Förderungen und Subventionen gibt es in allen Bereichen, wo Regierungen gefordert sind, diejenigen, die es aus eigener Kraft nicht schaffen können, zu unterstützen. Subventioniert werden beispielsweise kleine und mittlere Unternehmen, strukturschwache Regionen und einkommensschwache Bevölkerungsgruppen. Es ist Ausdruck von Gemeinschaftssinn und Solidarität, dass von den Stärkeren genommen und dem Schwächeren gegeben wird. In Industrieländern ist dieser Ausgleich durch komplexe Gesetze zum Finanzausgleich zwischen Gebietskörperschaften und dergleichen penibel geregelt und eine gelebte Selbstverständlichkeit.

Mit anderen Worten: Die unsichtbare Hand des freien Marktes kann sehr gut für Effizienz und Innovation sorgen. Sie hat starke Muskeln, aber wenig Gehirn und vor allem kein Gewissen. In modernen Demokratien, die per Verfassung ein Leben in Würde für alle garantieren sollen, wird es daher immer nötig sein, dass von staatlicher Seite reguliert, umverteilt und subventioniert wird.

Sollten die Regierungen der heutigen Geberländer dennoch einmal den Entschluss fassen, keine Mittel mehr für Entwicklungszusammenarbeit aufzuwenden, halten wir es für unwahrscheinlich, dass von diesem Tag an keine Beraterinnen mehr in Afrika unterwegs wären oder kein Geld mehr an Organisationen im Süden ausgezahlt würde. Der einzige Unterschied bestünde vielmehr darin, dass ab diesen Zeitpunkt sämtliche Beratungen und Kreditfinanzierungen zu Marktpreisen vom Empfänger selbst bezahlt werden müssten.

Es wären sicher einige Beraterinnen ohne Auftrag und es würde weniger Geld fließen. Der Nettoressourcentransfer zwischen Nord und Süd würde sich zugunsten des Nordens verändern. Zahlreiche Gruppen und Organisationen, die die Mittel für die marktüblichen Kosten nicht aufbringen könnten (v. a. im Sozial- und Menschenrechtsbereich) hätten dann tatsächlich keine Unterstützung mehr und würden vom »Markt« verschwinden.

Der zentrale Punkt ist: Die Vorstellung, dass die Aktivitäten, die heute dank der Entwicklungszusammenarbeit finanziert werden, mit einem Schlag verschwinden, ist illusorisch. Entwicklungszusammenarbeit wird sich in absehbarer Zeit daher nicht in Luft auflösen – aber sie kann verbessert, verringert, ausgebaut oder mit neuen Methoden und Akteuren betrieben werden.

Außerdem ist zu bedenken, dass es in einer zunehmend globalisierten Welt kaum mehr Probleme gibt, die Nationalstaaten alleine lösen können: Klimawandel, Ebola, Desertifikation, religiöser Fundamentalismus, Flucht und Migration. Die Liste an globalen Herausforderungen, die Verständigung, Verhandlung, gemeinsame Planungen und Umsetzung von Strategien zwischen verschiedenen Kulturen erforderlich machen, lässt sich lange fortsetzen und wird umso umfangreicher, je weiter die Vernetzung der modernen Welt fortschreitet.

Schon lange investieren international tätige Unternehmen in die interkulturelle Ausbildung ihrer Führungskräfte. Interkulturelle Kommunikation und die Fähigkeit zum Interessensabgleich zwischen Menschen mit extremen Unterschieden in Bildungshintergrund und im Wertesystem sind Herausforderungen, die in der Entwicklungszusammenarbeit zum Tagesgeschäft gehören. Die Branche hat dafür in den vergangenen Jahrzehnten geeignete Methoden entwickelt und Erfahrung gesammelt.

Wir behaupten daher nicht nur, dass die grundlegenden Mechanismen der Entwicklungszusammenarbeit noch lange in Kraft bleiben werden, sondern wagen auch die Prognose, dass der Bedarf an Expertise, die aus der Entwicklungszusammenarbeit kommt, in Zukunft noch zunehmen wird.

Jede große Veränderung beginnt beim Einzelnen

Wenn die Diskussionen über die Entwicklung der Welt und die globale Ungleichheit hitzig werden – egal, ob an Stammtischen oder in Hörsälen – wird oft der Ruf nach der ganz großen Systemveränderung laut (vgl. hierzu unsere Ausführungen zum Thema Revolution im Kapitel 4, S. 133ff.).

Für ein Zusammenleben der Menschen in Würde ist der große politische Rahmen zwar nicht irrelevant, aber es kommt unserer Meinung vor allem darauf an, ob Werte wie Solidarität, persönliche Verzichtsbereitschaft und Gemeinschaftssinn vom Einzelnen gelebt werden. Denn persönliche Verantwortung für ein gerechtes und harmonisches Miteinander lässt sich nicht einfach an das politische oder wirtschaftliche System delegieren. Jeder Mensch hat diesbezüglich nicht nur eine individuelle Bringschuld, sondern auch seine eigene Handlungsfähigkeit.

Wenn Sie selbst, innerhalb ihres eigenen Einflussbereiches, eine weltweit faire und nachhaltige Entwicklung unterstützen wollen, können Sie unter anderem folgendes tun:

Machen Sie Entwicklungspolitik mit dem Einkaufswagen

– Kaufen Sie Lebensmittel aus dem fairen Handel, damit die Produzentinnen im globalen Süden gerechte Löhne bekommen.

- Reduzieren Sie ihren Fleischkonsum, damit die Nutzflächen für kleinbäuerliche Landwirtschaft im globalen Süden nicht weiter zugunsten der Monokulturen, die Nahrungsmittel für unser Vieh produzieren, dezimiert werden.
- Tauschen Sie nicht ihr altes Mobiltelefon bei jeder Gelegenheit gegen ein neues, nur weil Ihr Provider Ihnen ein diesbezügliches Angebot macht. Die Herstellung von Mobiltelefonen erfordert seltene Rohstoffe, die unter unmenschlichen Arbeitsbedingungen gewonnen werden.
- Achten Sie auch bei allen anderen Produkten, die Sie kaufen, darauf, woher diese kommen und unter welchen Bedingungen sie produziert wurden, z. B. Kleidung mit Clean-Clothes-Siegel, Gold und Diamanten – falls Sie in diese Verlegenheit kommen – mit Zertifikat.

Machen Sie Entwicklungspolitik mit Ihrer Wählerstimme

Wählen Sie Parteien und Politikerinnen, die sich glaubwürdig für nachhaltige internationale Entwicklung einsetzen. Schreiben Sie ihren politischen Vertreterinnen auf nationalstaatlicher und auf EU-Ebene, dass

- diese sich für eine Kürzung der EU-Agrarsubventionen einsetzen sollen, mit denen die bäuerliche Produktion im globalen Süden unterminiert wird.
- diese für die Abschaffung von Einfuhrrestriktionen für Exportwaren des globalen Südens stimmen sollen, damit diese Länder mit den Produkten, mit denen sie jetzt schon konkurrenzfähig sind, auch Gewinne machen können.
- Ihnen als Wählerin und Wähler eine faire und nachhaltige internationale Entwicklung ein Anliegen ist.
- Sie selbst gerne die Steuern zahlen, die für Entwicklungszusammenarbeit gebraucht werden, und Sie auch bereit sind, höhere Preise für Nahrungsmittel, Kleidung und andere Dinge des tägli-

chen Bedarfs zu zahlen, wenn dadurch tatsächlich internationale Ungerechtigkeiten reduziert werden.

Überlassen Sie die Projektarbeit professionellen Organisationen

Ohne persönliches Engagement einzelner Menschen wäre die Welt um einiges ärmer. Andererseits haben wir oft genug gesehen, dass »das Gegenteil von Gut gut gemeint ist« – das trifft besonders auf viele entwicklungspolitische Einzelinitiativen zu. Wir raten daher eindringlich dazu, die Planung und Umsetzung von Projekten und Programmen professionellen Organisationen zu überlassen. Falls Sie konkrete Projekte einer Organisation unterstützen wollen, dann informieren Sie sich vor Ihrer Spendenentscheidung darüber, wie seriös und kompetent die betreffende Organisation, gemessen etwa an den Grundsätzen und Prinzipien, die wir beschrieben haben, arbeitet.

Nehmen Sie den populistischen Welterklärern den Wind aus den Segeln

»Die Entwicklungszusammenarbeit kommt nur den korrupten Regierungen zugute, die Afrikaner sollen nicht so viele Kinder haben, wir haben uns auch alles selbst aufbauen müssen, es wird sowieso alles wieder zerschossen, es gibt genug Armut bei uns, die sind alle faul, das Geld kommt eh nicht an …« – solche k. o.-Argumente hört man häufig, wenn es um den Sinn und Unsinn der Entwicklungszusammenarbeit geht. Manche dieser Argumente sind dumpfe Glaubenssätze und lassen sich nicht argumentativ bekämpfen, anderen wiederum kann man überzeugend entgegentreten. In diesem Buch sollten Sie einige gute Gegenargumente gefunden haben.

Statistischer Anhang – die wichtigsten Zahlen für Deutschland, Österreich und die Schweiz im Überblick

Die folgenden Grafiken beziehen sich auf öffentliche EZA-Mittel (*Official Development Assistance* – ODA) der 28 im *Development Assistance Committee* (DAC) in der OECD organisierte Geberländer, wie sie im jährlichen Bericht des DAC ausgewiesen werden. Die angeführten Summen sind Nettozahlungen in Milliarden US-Dollar zu konstanten Preisen 2014.

Abb. 1: Öffentliche EZA-Mittel (ODA) von 1960 bis 2014 in Millionen US-Dollar, zu konstanten Preisen 2014

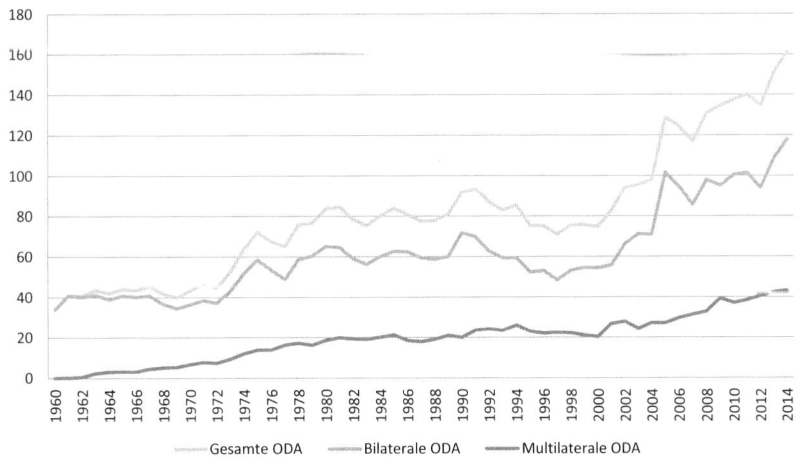

Abb. 2: Öffentliche Entwicklungshilfeleistungen im globalen Vergleich in Milliarden US-Dollar; eigene Darstellung

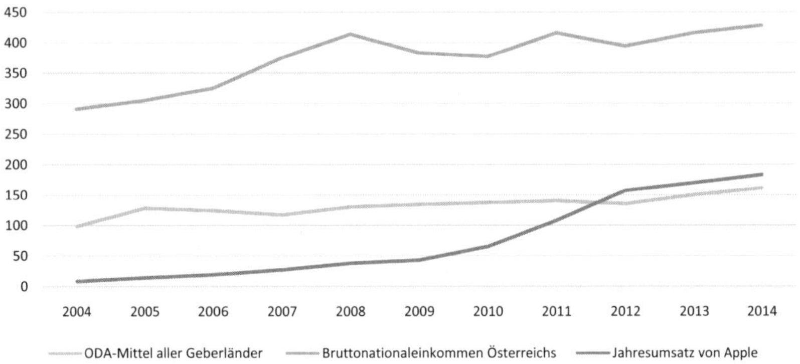

Abb. 3: Zwei Drittel der Ärmsten leben in 5 Ländern

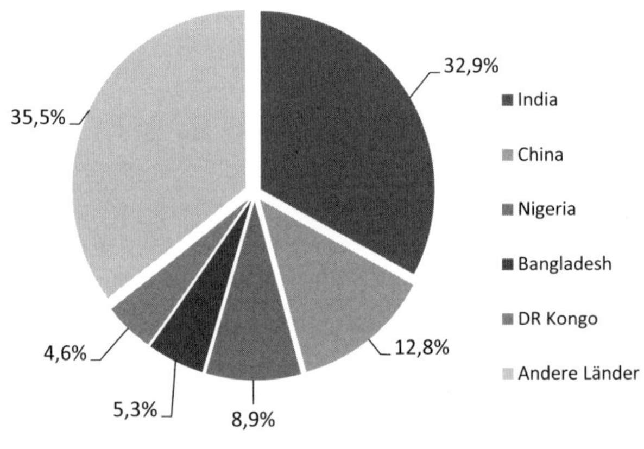

Abb. 4: MDG-Bilanz: Anteil der unterernährten Menschen an der Gesamtbevölkerung nach Regionen

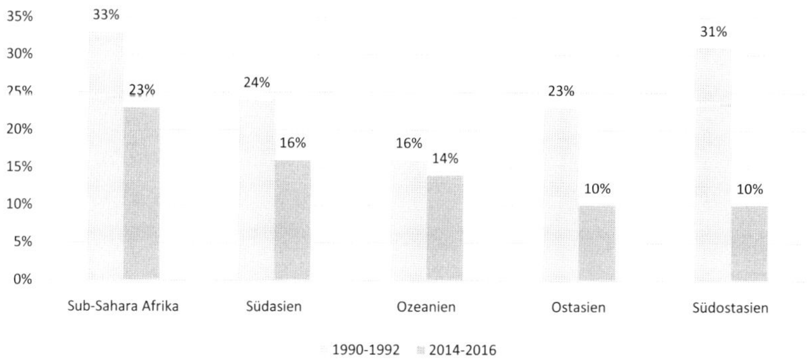

Abb. 5: MDG-Bilanz in Subsahara-Afrika 1990 bis 2015

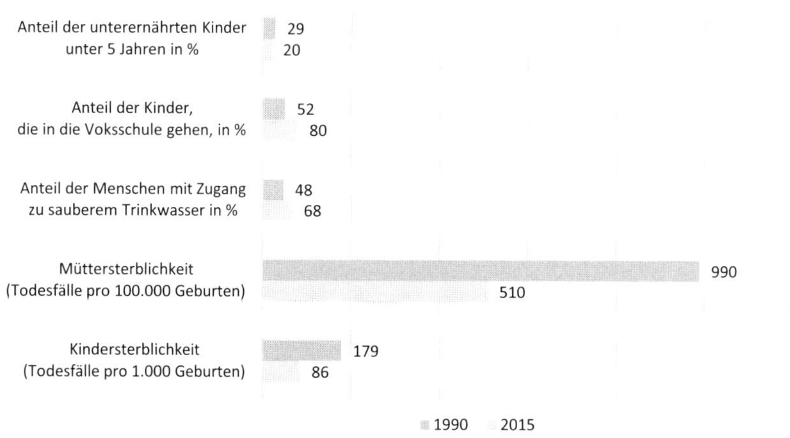

Abb. 6: Öffentliche EZA-Mittel Österreichs (ODA) von 1960 bis 2014 in Millionen US-Dollar, zu konstanten Preisen 2014

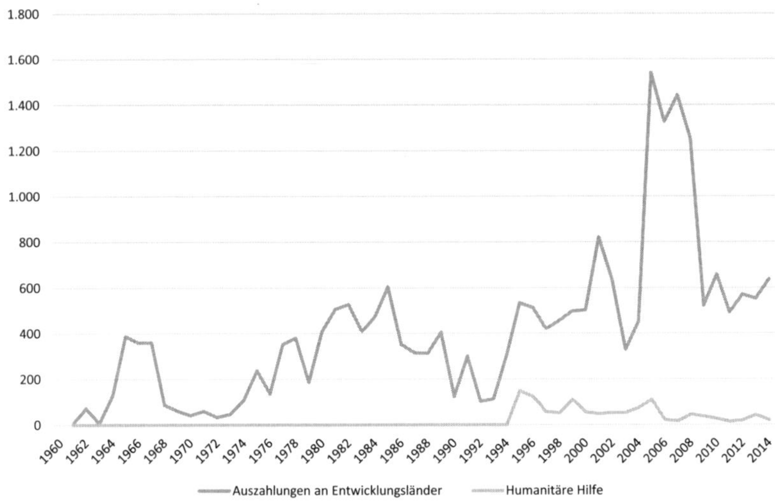

Abb. 7: Öffentliche EZA-Mittel Deutschlands (ODA) von 1960 bis 2014 in Millionen US-Dollar, zu konstanten Preisen 2014

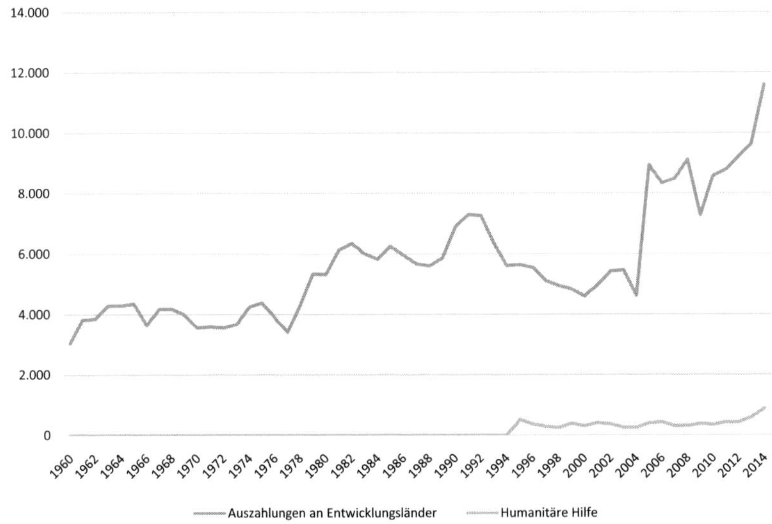

Abb. 8: Öffentliche EZA-Mittel der Schweiz (ODA) von 1960 bis 2014 in Millionen US-Dollar, zu konstanten Preisen 2014

Abb. 9: Öffentliche Mittel für humanitäre Hilfe pro Einwohner in US-Dollar 2014

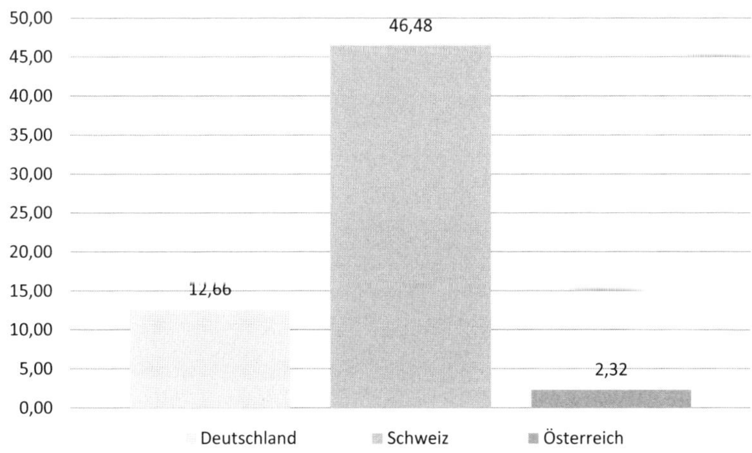

Quellenverzeichnis

Abb. 1: Öffentliche EZA-Mittel (ODA) von 1960 bis 2014 in Millionen US-Dollar, zu konstanten Preisen 2014

OECD (2015): http://stats.oecd.org/ (Stand 25. April 2016)

Abb. 2: Öffentliche Entwicklungshilfeleistungen im globalen Vergleich; eigene Darstellung

OECD (2015): http://webnet.oecd.org/dcdgraphs/CPA_donor/ (Stand 25. April 2016)
Statistik Austria (2015): http://www.statistik.at/ (Stand 25. April 2016)
Statista (2015): http://de.statista.com/statistik/daten/studie/39388/umfrage/umsatz-von-apple-seit-2004/ (Stand 25. April 2016)

Abb. 3: Zwei Drittel der Ärmsten leben in 5 Ländern

Development Goals Report (2015): http://www.un.org/millenniumgoals/2015 (Stand 25. April 2016)

Abb. 4: MDG-Bilanz: Anteil der unterernährten Menschen an der Gesamtbevölkerung nach Regionen

Development Goals Report (2015): http://www.un.org/millenniumgoals/2015 (Stand 25. April 2016)

Abb. 5: MDG-Bilanz in Subsahara-Afrika 1990 bis 2015

Development Goals Report (2015): http://www.un.org/millenniumgoals/2015 (Stand 25. April 2016)

Abb. 6: Öffentliche EZA-Mittel Österreichs (ODA) von 1960 bis 2014 in Millionen US-Dollar, zu konstanten Preisen 2014

OECD (2015): http://stats.oecd.org/ (Stand 25. April 2016)

Abb. 7: Öffentliche EZA-Mittel Deutschlands (ODA) von 1960 bis 2014 in Millionen US-Dollar, zu konstanten Preisen 2014

OECD (2015): http://stats.oecd.org/ (Stand 25. April 2016)

Abb. 8: Öffentliche EZA-Mittel der Schweiz (ODA) von 1960 bis 2014 in Millionen US-Dollar, zu konstanten Preisen 2014

OECD (2015): http://stats.oecd.org/ (Stand 25. April 2016)

Abb. 9: Öffentliche Mittel für humanitäre Hilfe pro Einwohner in US-Dollar 2014

OECD (2015): http://stats.oecd.org/ (Stand 25. April 2016)

Anhang – Die 17 nachhaltigen Entwicklungsziele 2016 bis 2030

1. Armut in allen ihren Formen und überall beseitigen
2. Hunger beseitigen, Ernährungssicherheit und verbesserte Ernährung erreichen, eine nachhaltige Landwirtschaft fördern
3. Ein gesundes Leben sicherstellen und das Wohlergehen aller Menschen in allen Altersgruppen fördern
4. Eine inklusive und gleichberechtigte hochwertige Bildung garantieren und Möglichkeiten lebenslangen Lernens für alle fördern
5. Geschlechtergleichstellung erreichen, das Potenzial aller Frauen und Mädchen fördern
6. Verfügbarkeit und nachhaltige Bewirtschaftung von Wasser und Sanitäreinrichtungen für alle sicherstellen
7. Den Zugang zu erschwinglicher, verlässlicher, nachhaltiger und zeitgemäßer Energie für alle sicherstellen
8. Anhaltendes, breitenwirksames und nachhaltiges Wirtschaftswachstum, produktive Vollbeschäftigung und menschenwürdige Arbeit für alle fördern
9. Eine widerstandsfähige Infrastruktur schaffen, eine breitenwirksame und nachhaltige Industrialisierung und Innovationen fördern
10. Ungleichheit in und zwischen Ländern verringern
11. Städte und menschliche Siedlungen inklusiv, sicher, widerstandsfähig und nachhaltig gestalten

12. Nachhaltige Konsum- und Produktionsmuster sicherstellen
13. Unverzüglich Maßnahmen gegen den Klimawandel und seine Folgen ergreifen
14. Die Ozeane, Meere und marinen Ressourcen im Sinne nachhaltiger Entwicklung erhalten und nachhaltig nutzen
15. Terrestrische Ökosysteme bewahren und wiederherstellen und ihre nachhaltige Nutzung fördern, Wälder nachhaltig bewirtschaften, die Wüstenbildung bekämpfen, Landdegradation und den Verlust der Artenvielfalt beenden und umkehren.
16. Friedliche und inklusive Gesellschaften für eine nachhaltige Entwicklung fördern und leistungsfähige, verantwortliche und inklusive Institutionen auf allen Ebenen aufbauen
17. Die Mittel zur Umsetzung stärken und die globale Partnerschaft für nachhaltige Entwicklung mit neuem Leben erfüllen

Glossar

Bilaterale EZA: Öffentliche Entwicklungshilfeleistungen eines Geberlandes, die eindeutig einem Empfängerland zugeordnet werden können.

BRICS-Staaten: Abkürzung für die Schwellenländer Brasilien, Russland, Indien, China und Südafrika.

CPA (*Country Programmable Aid*)*:* Mittel, deren Verwendung gemeinsam zwischen Geber und Empfänger ausgehandelt werden.

DAC: Development Assistance Committee.

EZA oder EZ: Entwicklungszusammenarbeit.

Globaler Süden oder Länder des globalen Südens: Synonym für Entwicklungsländer.

humanitäre Hilfe: Nothilfe nach Naturkatastrophen oder bei bewaffneten Konflikten.

Länder des Nordens oder »der Westen«: Synonym für Industrieländer bzw. Geberstaaten.

MDG: Millenniums-Entwicklungsziele (Millennium Development Goals).

Multilaterale EZA: Öffentliche Entwicklungshilfeleistungen eines Geberlandes an internationale Organisationen wie die Vereinten Nationen, den internationalen Währungsfonds oder die Weltbank.

NRO: Nichtregierungsorganisationen.

OECD: Organisation für Sicherheit und Zusammenarbeit in Europa (Organisation for Economic Co-operation and Development).

ODA: Öffentliche Entwicklungshilfeleistungen (Official Development Assistance).

SDG: Sustainable Development Goals (nachhaltige Entwicklungsziele).

Literatur

Aschoff-Ghyczy, Christiane/Döhne, Karin/Ecken, Clemens/Euler, Hartwig/Gelfort, Eike/Grolig, Sonja/Thiel, Reinhold E. (2007): *Korruption in der Entwicklungszusammenarbeit – ein Problem auch für kirchliche Organisationen.* Arbeitspapier August 2007. Hrsg. v. Transparency International – Deutschland e. V. http://www.transparency.de/fileadmin/pdfs/Themen/webversion_final.pdf (Stand 10. Januar 2015).

Brandt, Willy (1980): *Das Überleben sichern. Gemeinsame Interessen der Industrie- und Entwicklungsländer.* Bericht der Nord-Süd-Kommission. Köln: Kiepenheuer & Witsch.

Brundtland, Gro Harlem (1987): *Our Common Future.* http://en.wikisource.org/wiki/Brundtland_Report (Stand 23. Februar 2015).

Collier, Paul (2008): *Die unterste Milliarde. Warum die ärmsten Länder scheitern und was man dagegen tun kann.* München: C. H. Beck.

Collier, Paul (2014): *Exodus. Warum wir Einwanderung neu regeln müssen.* München: Siedler.

Duflo, Esther (2013): *Kampf gegen die Armut.* Berlin: Suhrkamp.

Easterly, William (2006): *Wir retten die Welt zu Tode – für ein professionelles Management im Kampf gegen Armut.* Frankfurt a. M./New York: Campus.

Erler, Brigitte (2003 [1985]): *Tödliche Hilfe. Bericht von meiner letzten Dienstreise in Sachen Entwicklungshilfe.* Köln: Mundo Marketing. 14. Auflage.

Fee, Derek (2012): *How to manage an Aid Exit Strategy.* London/New York: Zed Books.

Fundraising Verband Austria (2014): *Österreichischer Spendenbericht 2014.* Wien.

Gates, Bill (2014): *Annual Letter 2014.* http://www.gatesfoundation.org/de/Who-We-Are/Resources-and-Media/Annual-Letters-List/Annual-Letter-2014 (Stand 20. Februar 2015).

Hobbes, Michael (2014): Stop Trying to Save the World. Big ideas are destroying international development (18. November 2014). In: *New Republic.*

http://www.newrepublic.com/article/120178/problem-international-development-and-plan-fix-it (Stand 10. Januar 2015).

Hunsmann, Moritz (2012): Alternatives to development and acute dependency: HIV/AIDS as a blind spot of post development theory? In: *Journal für Entwicklungspolitik. Post Development: Empirische Befunde*. Vol. XXVIII 4–2012.

Inkeles, Alex (1969): Making Men Modern. On the Causes and Consequences of Individual Change in Six Developing Countries. In: *American Journal of Sociology* 75 (2), 208–225.

Inkeles, Alex (2010) [1966]: Die Modernisierung des Menschen. In: Fischer, Karin (et al.)(Hrsg.): *Klassiker der Entwicklungstheorie. Von Modernisierung bis Post-Development*. Wien: Mandelbaum.

Klingholz, Rainer/Siever Stephan (2014): Krise an Europas Südgrenze. Welche Faktoren steuern heute und morgen Migration über das Mittelmeer? In: *Discussion Paper Nr. 16*. Hrsg. v. Berlin-Institut für Bevölkerung und Entwicklung.

Kimberley, Margaret (2014): *Privatized Ebola. The Bill and Melinda Gates Foundation is the World Health Organization's Boss, Not Governments* (15. Oktober 2014). Black Agenda Report. In: Global Research. http://www.globalresearch.ca/privatized-ebola-the-bill-and-melinda-gates-foundation-is-the-world-health-organizations-boss-not-governments/5408056 (Stand 10. Januar 2015).

Moyo, Dambisa (2009): *Dead Aid: Why Aid is Not Working and How There is a Better Way For Africa*. London: Allen Lane Publishers.

Nohlen, Franz/Nuscheler, Dieter (1993): *Handbuch der Dritten Welt*. Berlin: J. H. W. Dietz.

OECD (2005): *Erklärung von Paris über die Wirksamkeit der Entwicklungszusammenarbeit*. http://www.oecd.org/dac/effectiveness/35023537.pdf (Stand 20. Februar 2015).

OECD (2014): *The Rationale for Fighting Corruption*. http://www.oecd.org/cleangovbiz/49693613.pdf (Stand 20. Februar 2015).

Öhlschläger/Sangmeister (Hrsg.) (2013): *Von Entwicklungshilfe zur internationalen Zusammenarbeit*, Bd. 12. Weltwirtschaft und internationale Zusammenarbeit. Baden-Baden: Nomos.

Pearson, Lester (1970): *A New Strategy for Global Development.* http://unesdoc.unesco.org/images/0005/000567/056743eo.pdf (Stand 23. Februar 2015).

Piketty, Thomas (2014): *Das Kapital im 21. Jahrhundert.* München: C. H. Beck.

Polmann, Linda (2010): *Die Mitleidsindustrie.* Frankfurt a. M.: Campus.

Rössler, Daniel (2015): *Das Gegenteil von Gut … ist gut gemeint.* Wien: Seifert.

Rostow, Walt Whitman (1960): *The Stages of Economic Growth. A Non-Communist Manifesto.* Cambridge: Cambridge University Press.

Sachs, Wolfgang (Hrsg) (1993): *Wie im Westen so auf Erden. Ein polemisches Handbuch zur Entwicklungspolitik.* Reinbek: Rowohlt.

Sangmeister, Hartmut (2009): *Entwicklung und internationale Zusammenarbeit,* Bd. 5. Weltwirtschaft und internationale Zusammenarbeit. Baden-Baden: Nomos.

Schmid, Elisabeth (2014): *Die Frage nach dem gutem Leben – Buen Vivir in Ecuador und Entwicklung als Freiheit im kritischen Vergleich.* Bremen: Wiener Verlag für Sozialforschung.

Seitz, Volker (2009): *Afrika wird armregiert.* München: dtv.

Sen, Amartya (2002): *Ökonomie für den Menschen: Wege zur Gerechtigkeit und Solidarität in der Marktwirtschaft.* München: dtv.

Senghaas, Dieter (1977): *Weltwirtschaftsordnung und Entwicklungspolitik. Plädoyer für Dissoziation.* Frankfurt a. M.: Suhrkamp.

Stoisser, Hans (2015): *Der Schwarze Tiger. Was wir von Afrika lernen können.* München: Kösel.

World Bank (2011): *World Development Report 2011. Conflict, Security, and Development.* https://openknowledge.worldbank.org/bitstream/handle/10986/4389/9780821384398_overview.pdf (Stand 20. Februar 2015).

World Bank (2014): *Annual Report 2014.* http://www.worldbank.org/en/about/annual-report (Stand 20. Februar 2015).

Truman, Harry S. (1949): *Inaugural Address, Thursday, January 20, 1949.* http://www.inaugural.senate.gov/swearing-in/address/address-by-harry-s-truman-1949, (Stand 20. Februar 2015).

UNDP – United Nations Development Programme (2011): *Implementing the Paris Declaration on Aid Effectiveness.* http://www.delog.org/cms/upload/

pdf-ame/Implementing-the-Paris-Declaration-on-Aid-Effectiveness.pdf (Stand Februar 2015).

United Nations (2000): *Millennium Development Goals*. http://www.undp.org/mdg/ (Stand 20. Februar 2015).

United Nations (2014): *The Millennium Development Goals Report 2014*. http://www.un.org/millenniumgoals/2014%20MDG%20report/MDG%202014%20English%20web.pdf (Stand 20. Februar 2015).

Vargas Llosa, Mario (2014): Der Wert und die Würde der Freiheit. Bekenntnisse eines Liberalen (13. September 2014). In: *Neue Züricher Zeitung*. http://www.nzz.ch/feuilleton/der-wert-und-die-wuerde-der-freiheit-1.18382309 (Stand Februar 2015).

Von Carlowitz, Hans Carl (1703): *Silvacultura Oeconomica*. Leipzig.

Weltbankreport (2014): *Folgen des Klimawandels und Risikomanagement*.

Wetz, Andreas (2012): Korruptionsbekämpfung. Damit Spenden auch ankommen. In: *Die Presse*. http://diepresse.com/home/bildung/schule/pflicht schulen/759662/Damit-Spendengeld-auch-ankommt (Stand 10. Janaur 2015).

Whitney, Jake (2009): Aiding Is Abetting. Jake Whitney interviews Dambisa Moyo (2. April 2009). In: *Guernica – A Magazine of Art & Politics*. https://www.guernicamag.com/interviews/aiding_is_abetting/ (Stand 10. Januar 2015).

Weiterführende Literatur

Bolton, Giles (2007): *AID and other dirty business.* Reading: Random House Group.

Chambers, Robert (1997): *Whose reality counts? Putting the last first.* London: Intermediate Technology Publications.

Chambers, Robert (2012): *Provocations for Development.* Warwickshire: Practical Action Publishing.

Fischer, Karin et al. (2010): *Klassiker der Entwicklungstheorie – von Modernisierung bis Post Development.* Mattersburger Kreis für Entwicklungspolitik. Wien: Mandelbaum.

Kabou, Axelle, (1993): *Weder arm noch ohnmächtig.* Basel: Lenos.

Menzel, Ulrich/Nuscheler, Franz/Stockmann, Reinhard (2010): *Entwicklungspolitik. Theorien – Probleme – Strategien.* München: Oldenburg.

Nuscheler, Franz (2012): *Entwicklungspolitik – Lern und Arbeitsbuch.* Bonn: J. H. W. Dietz.

Post-Development: Empirische Befunde. *Journal für Entwicklungspolitik*, XXVIII (4), 2012.

Rauch, Theo (2009): *Entwicklungspolitik: Theorien, Strategien, Instrumente.* Braunschweig: Westermann.

Weiterführende Links zur eigenen Recherche

Übersicht über EZA-Finanzflüsse
www.aidflows.org/

Allgemeine statistische Daten
www.worldometers.info/de/

DAC-Daten
www.oecd.org/dac/developmentassistancecommitteedac.htm

Dank

Wir bedanken uns bei den vielen Leserinnen und Lesern der ersten Auflage, deren Interesse und positive Resonanz diese zweite Auflage ermöglichte. Die zahlreichen Rückmeldungen halfen uns, das Buch maßgeblich weiterzuentwickeln – wenngleich wir nicht alle Anregungen aufgreifen konnten. Besonderer Dank gilt diesmal Christian Meyer zu Natrup, dessen Expertise zum Thema Entwicklungsfinanzierung die Neuauflage bereichert. Nicht zuletzt bedanken wir uns bei unserer Verlagslektorin Felicitas Alt für die gute Zusammenarbeit.